OS FUNDAMENTOS
DO CAPITALISMO

CONHEÇA OUTROS LIVROS DA SÉRIE:

POLÍTICA, IDEOLOGIA E CONSPIRAÇÕES

DESCULPE-ME SOCIALISTA

MITOS E FALÁCIAS DA AMÉRICA LATINA

A LEI, MENOS ESTADO E MAIS LIBERDADE

OS ERROS FATAIS DO SOCIALISMO

DA LIBERDADE INDIVIDUAL E ECONÔMICA

JAMES OTTESON

OS FUNDAMENTOS DO CAPITALISMO

O ESSENCIAL DE ADAM SMITH

Tradução:
MATHEUS PACINI

COPYRIGHT © THE FRASER INSTITUTE, 2018
COPYRIGHT © FARO EDITORIAL, 2019

Todos os direitos reservados.

Nenhuma parte deste livro pode ser reproduzida sob quaisquer meios existentes sem autorização por escrito do editor.

O autor deste livro trabalhou de forma independente e as opiões expressas por ele são, portanto, suas próprias e não refletem necessariamenteas opiniões dos adeptos, diretores ou funcionários do Instituto Fraser. Esta publicação não implica de forma alguma que o Instituto Fraser, seus diretores ou funcionários sejam a favor ou se oponham à aprovação de qualquer projeto de lei; ou que eles apoiem ou se opõem a qualquer partido ou candidato em particular.

Diretor editorial PEDRO ALMEIDA
Coordenação editorial CARLA SACRATO
Preparação MONIQUE D'ORAZIO
Revisão BARBARA PARENTE
Capa original BILL C. RAY
Adaptação de capa e diagramação OSMANE GARCIA FILHO
Imagem internas EVERETT HISTORICAL; NUVOLANEVICATA; CARTOON RESOURCE; WAN WE.

Dados Internacionais de Catalogação na Publicação (CIP)
Angélica Ilacqua CRB-8/7057

Otteson, James.
 Os fundamentos do Capitalismo : O essencial de Adam Smith / James Otteson; tradução de Matheus Pacini. — São Paulo : Faro Editorial, 2019.
 128 p.

 ISBN 978-85-9581-086-0
 Título original: The essential Adam Smith

 1. Smith, Adam, 1723-1790 2. Ciências sociais 3. Liberalismo 4. Economia 5. Política e governo I. Título II. Pacini, Matheus

19-0488   CDD 330

Índice para catálogo sistemático:
1. Economia : Adam Smith

1ª edição brasileira: 2019
Direitos de edição em língua portuguesa, para o Brasil, adquiridos por FARO EDITORIAL

Avenida Andrômeda, 885 – Sala 310
Alphaville – Barueri – SP – Brasil
CEP: 06473-000
www.faroeditorial.com.br

A Daniel Garber, por concordar que havia algo digno de estudo em Adam Smith, e a Ian Mueller, cujo exemplo acadêmico continua a me inspirar.

SUMÁRIO

9		INTRODUÇÃO
13		QUEM FOI ADAM SMITH?

19	1.	O QUE É ECONOMIA POLÍTICA?
27	2.	SIMPATIA, SENTIMENTOS MORAIS E O ESPECTADOR IMPARCIAL
37	3.	O NÁUFRAGO SOLITÁRIO E A OBJETIVIDADE MORAL
43	4.	JUSTIÇA E BENEFICÊNCIA
51	5.	O MERCADO DA MORALIDADE
61	6.	A DIVISÃO DO TRABALHO
71	7.	A ECONOMIA POLÍTICA DE SMITH
79	8.	A MÃO INVISÍVEL
87	9.	INTERESSE PRÓPRIO, IGUALDADE E RESPEITO
101	10.	O PAPEL DO GOVERNO
109	11.	INTERVENÇÕES GOVERNAMENTAIS NA ECONOMIA?
115	12.	ANÁLISE FINAL

121		OBRAS CITADAS
123		SUGESTÕES DE LEITURA
126		AGRADECIMENTOS DO AUTOR

INTRODUÇÃO

ADAM SMITH (1723-90) É AMPLAMENTE ACLAMADO como o pai da disciplina hoje conhecida como economia, além de ser considerado o fundador do que hoje conhecemos como capitalismo. O livro de Smith, *Uma investigação sobre a natureza e as causas da riqueza das nações*, de 1776, é citado com frequência como a origem tanto da economia como do capitalismo, e sua influência nos 242 anos desde a publicação o coloca entre as obras mais importantes do último milênio.

Por si só, esse fato justifica a presença de Smith no panteão das figuras eminentes da tradição ocidental, inserindo-o diretamente na lista de autores que todas as pessoas instruídas deveriam conhecer. Apesar disso, Smith tornou-se, infelizmente, um dos grandes autores sobre os quais muitos estudiosos têm opinião, mas que poucos, de fato, leram. Assim, a reputação de Smith tende a ser baseada em impressões e relatos de segunda mão, e não em sua própria obra — o que pode explicar por que Smith é citado por pessoas que desejam promover todo o espectro de ideias que vai do libertarismo ao progressismo, além de muitas outras.

Para aumentar a confusão, Smith foi professor de filosofia moral, não de economia. E publicou apenas dois livros em sua vida: o já mencionado, e agora muito mais famoso, *A riqueza das nações* (RN), e um livro anterior, publicado em 1759, chamado *A teoria dos sentimentos morais* (TSM). *Teoria* explora como os seres humanos formam os sentimentos morais que possuem, tendo como base a análise do que Smith chamou de "simpatia"; nessa obra, Smith argumentou que todas as pessoas têm um natural "desejo pela simpatia mútua de sentimentos". Em *A riqueza das nações*, todavia, não há menção a essa "simpatia", e muito menos à obra *A teoria dos sentimentos morais*. Em vez disso, *Riqueza* é baseado na análise do que Smith alternadamente chama de "interesse próprio" e "amor-próprio". Isso levou alguns estudiosos a se questionarem sobre como os dois livros se relacionam. Um tratava de moralidade e falava de "simpatia"; o outro, de economia e falava de "amor-próprio". Talvez, alguns estudiosos pensaram, Smith estivesse sugerindo que a moralidade e a economia são, na verdade, esferas independentes da vida humana — que a moralidade e os mercados não se misturam. Se o sistema econômico que Smith descreve em *Riqueza* é o "capitalismo" (um termo que o próprio Smith nunca usa), e se a moralidade não tem lugar no "capitalismo", então, tanto pior para o capitalismo! Estudiosos intitularam tal dilema de "o problema de Adam Smith",* e alguns deles sugeriram que a aparente inabilidade de Smith combinar moralidade com economia nos diz, ou deveria nos dizer, que um sistema *smithiano* de economia política, que está na base do mundo econômico atual, de fato tem pouca ou nenhuma base

---

* Eu também colaborei para a literatura acadêmica com respeito ao "problema de Adam Smith". Veja Otteson (2002a, 2013) e Montes (2004).

moral. Se for assim, talvez o mundo globalizado do comércio tenha apenas um caráter moral duvidoso.

Por sua parte, Smith acreditava, de fato, que a moralidade e a economia poderiam se misturar, e que seus dois livros eram parte de um projeto filosófico mais amplo. Parte do propósito deste livro, *O essencial de Adam Smith*, é mostrar como os dois livros de Smith são coerentes entre si. Mas a questão mais ampla — como mercados e moralidade se misturam? — não é apenas acadêmica e histórica, mas relevante para todos nós hoje. Existe ligação entre moralidade e economia? Podemos nos engajar em transações econômicas sem perder a moralidade? À medida que nosso mundo se integra cada vez mais através das finanças e do comércio, essas questões se tornam ainda mais urgentes. Talvez a globalização econômica gere prosperidade material crescente, mas isso à custa de nossos valores morais? Devemos renunciar à nossa moralidade para enriquecermos?

Por mais atuais que sejam, essas questões já foram antecipadas e exploradas por Adam Smith no século XVIII. De fato, Smith ofereceu uma estrutura para entender a moralidade que não só integrava as transações de mercado, mas também estabelecia parâmetros do que seriam transações aceitáveis. Pode surpreender tal postura vinda de alguém considerado o pai de um sistema supostamente amoral; mas o mais surpreendente, talvez, é que Smith acertou em grande parte de suas alegações. Pesquisadores modernos tanto da moralidade humana como da história econômica sugerem que Smith foi, na verdade, incrivelmente preciso. Embora tenha cometido alguns erros — nenhum autor, por melhor que seja, acerta sempre —, seus dois livros contêm ideias e argumentos que resistiram ao teste do tempo. Outra parte do propósito deste livro é convencer você disso.

Mas o propósito principal é apresentá-lo ao próprio Adam Smith. A melhor forma de aprender sobre Smith é ler Smith. Isso serve para qualquer autor, inclusive ele. O objetivo deste livro é ser uma introdução para o pensamento de Smith em seus aspectos mais relevantes, familiarizando você, leitor, com algumas razões centrais que fazem de Smith um grande autor, além de colocar em perspectiva a profundidade e a amplitude de seu pensamento. Embora Smith tenha escrito apenas dois livros, ele discutiu uma ampla gama de tópicos, questões, eventos, países, culturas e ideias. Infelizmente, isso significa que este pequeno livro terá de omitir discussões sobre aspectos importantes de seu pensamento, algo que um tratado mais amplo poderia explorar. Além disso, embora tenha me esforçado para apresentar Smith de forma fidedigna, sem dúvida outros estudiosos o fariam de forma diferente. Se a leitura deste livro o levar a sentir a necessidade de ler os escritos de Smith por sua própria conta, então terá alcançado talvez seu objetivo mais importante.

QUEM FOI ADAM SMITH?

ADAM SMITH NASCEU EM 1723, EM KIRKCALDY, ESCÓCIA.
Foi uma das figuras centrais de um período de grande desenvolvimento intelectual conhecido como Iluminismo Escocês, que incluiu inovações revolucionárias em diversas áreas como medicina, geologia, química, filosofia e economia.* Smith é autor de dois livros: *A teoria dos sentimentos morais* (TSM), de 1759, e *Uma investigação sobre a natureza e as causas da riqueza das nações* (RN), de 1776. Teoria trouxe muito reconhecimento a Smith em vida, e logo foi considerado uma das grandes obras de teoria moral — chamando a atenção, por exemplo, de Charles Darwin (1809—82), que em seu livro de 1871, *A descendência do homem e seleção em relação ao sexo*, endossou e aceitou diversas das "impactantes" conclusões de Smith.**

---

* Para uma análise das realizações do Iluminismo Escocês, veja Broadie (2003) e Buchan (2003).
** Stephen Jay Gould (1980, pp. 66-70) argumenta que *A riqueza das nações* também influenciou Darwin.

Teoria teve seis edições revisadas durante a vida de Smith. Ainda assim, desde o século XIX, Smith é mais lembrado por seu segundo livro, que, pela influência ou grandeza, deve ser considerado um dos tratados mais importantes do segundo milênio.

Poucos detalhes da infância de Smith são conhecidos. Ele nasceu em 5 de junho e foi filho único. Seu pai, também chamado Adam Smith, faleceu logo após o seu nascimento. No livro de 1793, *Account of the Life and Writings of Adam Smith, LL.D* [Relato da vida e dos escritos de Adam Smith], Dugald Stewart, aluno de Smith, relata que "ele foi uma criança frágil e doente, e necessitou de todo o cuidado carinhoso de sua mãe. Ela foi acusada de tê-lo tratado com complacência ilimitada, mas isso não gerou efeitos desfavoráveis no temperamento ou nas capacidades do filho" (SMITH, 1982a, p. 269). Um acontecimento da infância de Smith vale a pena ser contado. Ele e sua mãe, Margaret, visitavam o irmão dela regularmente em Strathenry, cerca de onze quilômetros a noroeste de Kirkcaldy. Em uma visita, o pequeno Smith, então com três anos, brincava na frente da casa de seu tio quando foi sequestrado por um grupo de "ciganos". O sequestro foi reportado imediatamente, e os sequestradores foram localizados e presos perto da floresta Leslie, com Smith retornando em segurança à sua família. Stewart afirma que o tio de Smith, que o recuperou, "foi o feliz instrumento que preservou um gênio para o mundo, que estava destinado, não apenas a expandir os limites da ciência, mas a iluminar e reformar a política comercial da Europa" (SMITH, 1982, p. 270).

Smith matriculou-se na Universidade de Glasgow em 1737, aos 14 anos, e em 1740 recebeu uma bolsa para estudar no Balliol College, em Oxford. No entanto, Smith não ficou satisfeito com o nível de ensino de Oxford. Como ele escreveu anos depois em *A riqueza das nações*, "na Universidade de Oxford, a maior parte dos professores desistiu, já há tempos, da pretensão de ensinar" (RN, p. 761). Apesar disso, Smith fez bom uso das bibliotecas de Oxford, estudando nas literaturas inglesa, francesa, grega e latina. Ele saiu de Oxford e retornou a Kirkcaldy em 1746.

Em 1748, a convite de Henry Home Lorde Kames (1696—1782), Smith começou a ministrar uma série de palestras em Edimburgo chamada "Lectures on the Rhetoric and the Belles Lettres" [Palestras sobre a retórica e as belas-letras], focando em crítica literária e nas artes de falar e escrever bem. Foi durante essa época que Smith conheceu e se tornou amigo do filósofo escocês David Hume (1711— 76), que acabaria por se tornar seu confidente mais próximo e sua maior influência filosófica. Smith deixou Edimburgo para se tornar professor de lógica na Universidade de Glasgow, em 1751, e depois professor de filosofia moral, em 1752. As palestras que ministrou em Glasgow vieram a se cristalizar em *A teoria dos sentimentos morais*, publicada com grande aclamação em 1759.

Em 1763, Smith pediu demissão de seu posto em Glasgow para se tornar o tutor pessoal de Henry Scott, Terceiro Duque de Buccleuch, com quem Smith viajou por dezoito meses pela França e pela Suíça. Durante essa viagem, Smith conheceu Voltaire (1694—1778), sobre quem aparentemente deixou uma boa impressão, pois Voltaire escreveu depois: "Esse Smith é um excelente homem! Não temos ninguém comparado a ele, e me envergonho por meus queridos compatriotas" (MULLER, 1993, p. 15). Smith também conheceu François Quesnay (1694—1774), Jacques Turgot (1727—81), e outros entre os chamados fisiocratas franceses, que defendiam um relaxamento das barreiras comerciais e, em geral, políticas econômicas *laissez-faire*. Embora Smith já estivesse, por si só, desenvolvendo ideias similares, o contato com os fisiocratas certamente o ajudou a refiná-las. Em 1767, Smith retornou a Kirkcaldy para cuidar de sua mãe doente e para finalizar o que viria a ser *A riqueza das nações*. Durante esse tempo, ele foi sustentado por uma pensão generosa do Duque de Buccleuch, o que lhe permitiu focar totalmente em seu trabalho acadêmico. Era de conhecimento público que o celebrado autor de *Teoria* estava trabalhando furiosamente em um novo livro, e os dez anos que já dedicava a ele elevaram muito as expectativas. Por fim, após uma longa espera, a *magnum opus* de Smith foi publicada em 9 de março de 1776.

Smith permaneceu em Kirkcaldy até 1778, quando se tornou comissário da alfândega em Edimburgo. Sua mãe faleceu em 1784, quando Smith tinha 61 anos. Passara muito tempo cuidando da mãe, o que pode explicar, em parte, o fato de nunca ter se casado ou tido filhos. Embora aparentemente tenha tido um caso amoroso durante a sua vida adulta, não resultou em matrimônio. Dugald Stewart escreve: "na primeira parte da vida do sr. Smith, é sabido que ele interessou-se durante muitos anos por uma jovem dama de grande beleza e muitos dotes. Não fui capaz de descobrir como suas investidas foram recebidas, ou que circunstâncias impediram a união, mas creio ser quase certo que, após essa decepção, ele deixou de lado todos os pensamentos sobre matrimônio. Essa jovem também faleceu solteira. (SMITH, 1982, pp. 349-50).

Durante a década em que viveu em Kirkcaldy e, posteriormente, em sua estada em Edimburgo, Smith despendeu grande parte de seu tempo visitando e recebendo amigos, entre os quais o filósofo e estadista católico irlandês Edmund Burke (1729—97), o químico Joseph Black (1728—99), o geólogo James Hutton (1726—97), o engenheiro mecânico James Watt (1736—1819), o primeiro-ministro Lorde Frederick North (1732—92), e o primeiro-ministro William Pitt, o Novo (1759—1806). Também teve papel importante em instituições como o Oyster Club, o Poker Club e a Select Society, a última das quais tinha entre seus membros William Robertson (1721—93), David Hume, James Burnett (Lorde Monboddo)

(1714—99), Adam Ferguson (1723—1816) e Lorde Kames.* Em 1783, Smith foi membro fundador da Sociedade Real de Edimburgo, que existe até hoje como a principal academia de letras e ciências da Escócia. Tendo servido anteriormente como Decano das Artes (1760) e vice-reitor (1761—63) da Universidade de Glasgow, foi eleito reitor em 1787, ocupando o cargo até 1789.

Durante seus anos em Edimburgo, Smith revisou amplamente seus dois livros para novas edições. Em 1785, ele escreveu ao Duque de La Rochefoucauld: "Tenho dois outros livros em produção; o primeiro é um tipo de história filosófica de todos os distintos ramos da literatura, filosofia, poesia e eloquência; o outro é um tipo de teoria e história do direito e do governo" (SMITH, 1987, p. 248). Contudo, nenhum desses projetos chegou a ser publicado. Dias antes de sua morte, Smith chamou os amigos Black e Hutton aos seus aposentos e lhes pediu que queimassem seus manuscritos não publicados, um pedido a que eles tinham se oposto em diversas ocasiões. Dessa vez, Smith insistiu. Eles relutantemente aceitaram, destruindo dezesseis volumes de manuscritos. É provável que os dois livros mencionados estivessem entre os trabalhos que foram destruídos naquela trágica perda.

Adam Smith faleceu em Edimburgo em 17 de julho de 1790 e foi enterrado no cemitério Canongate, próximo à High Street em Edimburgo.

JAMES R. OTTESON

James R. Otteson é o Thomas W. Smith Presidential Chair em ética empresarial, professor de economia e diretor-executivo do Eudaimonia Institute na Wake Forest University.

---

* Para mais detalhes sobre esses grupos e seus membros, veja Broadie (2007).

Ansiamos ver nossos próprios julgamentos e sentimentos ecoados nos outros. Sentimos prazer ao descobrir que os outros julgam pessoas, ações e comportamentos da mesma forma que nós; é desagradável, porém, descobrir que os outros julgam de forma diferente.

O QUE É ECONOMIA POLÍTICA?

A DISCIPLINA QUE HOJE CONHECEMOS COMO "ECONOMIA" começou como "economia política" no século XVIII. Os primeiros economistas políticos, incluindo Adam Smith e David Hume, desejavam adaptar uma metodologia científica *newtoniana* ao estudo do comportamento humano e da sociedade humana por dois motivos principais e relacionados: primeiro, descobrir, através da história e da observação empírica, padrões regulares de comportamento que pudessem ser sistematizados e, portanto, explicados e entendidos; e, segundo, para utilizar esses padrões como bases empíricas pelas quais fazer recomendações sobre reforma institucional. Eles argumentavam que, se pudéssemos entender o funcionamento das instituições sociais humanas, talvez pudéssemos entender quais instituições morais, políticas, econômicas e culturais conduziam — e, é claro, as que não conduziam — à prosperidade humana.

Após o século XVIII, esses propósitos da economia política se dividiram em dois campos relativamente distintos de investigação.

Um deles é a *filosofia moral*, uma tentativa de entender não apenas que objetivos deveríamos perseguir, do ponto de vista moral, mas também quais seriam as bases normativas desse "deveria" — isto é, não apenas a coisa certa a fazer, mas também o que torna essa coisa, de fato, certa. Uma vertente da filosofia moral é a *filosofia política*, que busca aplicar as conclusões da filosofia moral especificamente às instituições e ao comportamento público. O outro grande campo em que se dividiu a economia política foi a *economia*, uma análise positiva e técnica (e, nos séculos XX e XXI, também cada vez mais quantitativa) do comportamento humano sob circunstâncias variadas, somada ao desenvolvimento de modelos matemáticos para explicar o comportamento humano no passado e, talvez, prevê-lo no futuro. Hoje, filósofos morais e economistas desconhecem, ou mesmo desconsideram, o trabalho dos estudiosos do outro campo.

Uma das razões principais dessa divisão é a distinção entre análise *descritiva* e análise *normativa* — isto é, de um lado, a distinção entre investigações que buscam descrever, empírica ou factualmente, o que ocorre no mundo, e, de outro, as que buscam fazer recomendações sobre como deveríamos ou não nos comportar. Esses dois tipos de investigação são distintos do ponto de vista lógico. É possível, por exemplo, descrever todos os resultados prováveis de um aumento no salário mínimo, sem, no entanto, comprometer-se com a afirmação de que ele seria bom (ou ruim). Da mesma forma, se sou questionado por uma aluna se ela deveria cursar a faculdade de Direito, posso citar elementos como as médias por disciplina e médias ponderadas finais exigidas para entrar em diversas faculdades, o salário inicial médio de graduados em tais faculdades, o tipo de atividades realizadas por advogados treinados em diferentes áreas e assim por diante. Ainda assim, nada disso responde à pergunta original da aluna. Pois, para respondê-la, é necessário não apenas uma análise de suas circunstâncias e oportunidades particulares, mas também, e de forma mais crucial, de seus valores. O que ela deseja fazer? Quais são seus objetivos, propósitos e ambições? O que ela acredita ser um uso valioso de seu tempo, talento e riqueza? Sem conhecimento disso, não teríamos como saber se ela deveria ou não cursar Direito. Esse "deveria" depende, então, dos valores dessa aluna — incluindo os valores morais — e geraria uma afirmação *normativa* distinta das afirmações *descritivas* sobre a faculdade de Direito.

Essa divisão da economia política em campos separados de pesquisa descritiva (economia) e pesquisa normativa (filosofia) estava ausente em outros autores pioneiros da economia política. Ironicamente, talvez tenha sido o amigo de Smith, David Hume, quem primeiro chamou a nossa atenção para tal distinção:

> Em todo sistema moral que até hoje encontrei, sempre notei que o autor segue, por algum tempo, o modo comum de raciocinar, estabelecendo a existência de Deus, ou fazendo observações a respeito dos assuntos humanos; porém, de repente, surpreendo-me ao descobrir que, em vez das cópulas usuais de proposições, ser e não ser, não encontro uma só proposição não conectada a um dever ou não dever. Essa mudança é imperceptível, mas é da maior importância; pois, como esse dever ou não dever expressam uma nova relação ou afirmação, é necessário que sejam notados e explicados; e, ao mesmo tempo, é preciso que se dê uma razão, para algo que parece inteiramente inconcebível, sobre como se pode deduzir essa nova relação a partir de outras inteiramente diferentes.
>
> (HUME, 2000 [1740], p. 302; ênfase no original)

Ao longo dos séculos XIX e XX, pensadores foram cada vez mais influenciados por essa distinção, e o domínio das afirmações do "ser" ficou mais relegado à economia, enquanto o domínio das afirmações do "dever-ser", à filosofia. Economistas passaram a ver seu trabalho como o de um físico ou, talvez, o de um engenheiro: você me diz quais são os seus objetivos, e eu lhe digo como melhor alcançá-los: ou, posso lhe mostrar quais são as consequências prováveis das políticas que você está contemplando, porém deixo para você ou outros decidirem se são boas ou ruins. E os filósofos, por sua vez, viram que sua principal contribuição para a discussão seria explorar os valores morais que deveriam ser defendidos ou almejados, com pouca consideração sobre como poderiam ser alcançados na prática. Hoje, os economistas acusam os filósofos de estarem desconectados do mundo real, enquanto os filósofos acusam os economistas de focarem nas questões erradas. Não surpreende, então, que uns não leiam os trabalhos dos outros.

Para Adam Smith, todavia, esses dois campos de pesquisa — o descritivo e o normativo — estavam integrados em uma única investigação: a economia política. Smith queria entender (i) a natureza humana, incluindo a psicologia e as motivações humanas; (ii) a condição humana, incluindo o estado do mundo e seus recursos; e (iii) as instituições sociais humanas, incluindo como elas surgem, como se mantêm e crescem, e como perecem. Mas Smith também acreditava que tais pesquisas seriam, em última instância, vazias e sem sentido, a menos que fossem ligadas a recomendações que permitissem às pessoas viver melhor. Então, Smith pensava que o economista político precisava, primeiro, saber de que material — humano e outros — dispunha para trabalhar,* e quais eram as

---

* Smith usa apenas pronomes masculinos ao longo de sua obra. Por causa disso, e para evitar quaisquer questões interpretativas, adotei a mesma convenção.

limitações e as possibilidades de tal material; e, segundo, o economista político deveria, então, usar o que viesse a aprender para recomendar comportamentos e políticas que pudessem permitir a criaturas "programadas como nós somos", vivendo nas condições em que vivemos, a levar vidas que merecessem ser vividas. Para Smith, isso significava que ele deveria estudar a natureza humana da mesma forma que um psicólogo empírico moral faria atualmente, porém tirando conclusões disso para políticas públicas com base em seus achados. Smith acreditava que a felicidade humana era o *summum bonum* [bem supremo], e que tanto a pesquisa empírica como a filosofia moral eram necessárias para entendermos o significado da felicidade genuína para os seres humanos. Mas ele também supunha que tentar alcançá-la, bem como ajudar os outros a fazê-lo, era um imperativo moral.

O objetivo final da economia política — como Smith a concebia — era descobrir quais instituições públicas e sociais propiciariam uma sociedade próspera em que as pessoas teriam a chance de viver vidas verdadeiramente felizes. Para isso, primeiro ele teria de entender a natureza e a psicologia humanas, e o que constituía a felicidade humana genuína: esse foi o objetivo primário de seu primeiro livro, *A teoria dos sentimentos morais*. E então o economista político teria de entender a condição humana, as restrições materiais e outras encaradas pelo ser humano: o objetivo primário de seu segundo livro, *A riqueza das nações*. Só então ele poderia fazer recomendações positivas sobre quais políticas permitiriam a criaturas como nós, segundo nossas condições particulares, prosperar e florescer. As recomendações político-econômicas feitas por Smith em *Riqueza* podem ser entendidas, então, como resultado desse processo investigativo de duas fases.

No início de *Riqueza*, Smith nos apresenta uma vívida imagem do que ele acredita estar em jogo. Parte de sua inspiração para escrever essa obra foi o fato de ele ter observado que algumas pessoas eram muito mais ricas do que outras. Como era a vida em nações pobres na metade do século xviii? Smith escreve: "Tais nações são tão miseravelmente pobres que, pela mera necessidade, frequentemente são reduzidas — ou, pelo menos, pensam estar reduzidas — à necessidade de, às vezes eliminar, às vezes abandonar suas crianças, seus velhos e os afligidos por doenças prolongadas a perecerem de fome ou a serem devoradas por animais selvagens" (RN, p. 10). Para muitos de nós pode ser difícil, hoje, em meio aos níveis sem precedentes de riqueza de que desfrutamos no século xxi, entender as dificuldades que tais povos encaravam vivendo em condições tão desesperadoras e abjetas. E, mesmo assim, essa foi a realidade comum e praticamente incontestável da maioria das pessoas, por quase toda a história humana até o século xviii. Mas Smith percebeu que, em sua época, alguns povos, e algumas nações, estavam começando a se libertar dessas condições miseráveis. Ele queria entender como eram capazes de fazê-lo — não meramente por curiosidade acadêmica ou histórica, mas porque ele entendia, e tinha visto com os próprios olhos, que a vida das pessoas frequentemente dependia das políticas adotadas e das instituições públicas construídas por seus países. Se fosse possível entender as instituições que permitiriam às pessoas sair da pobreza, talvez estas poderiam ser recomendadas, compartilhadas e replicadas, melhorando, assim, a situação de vida de ainda mais pessoas. Era possível, portanto, ter esperança de que muitas vidas, mesmo milhões de vidas, poderiam ser melhoradas.

As principais questões da economia política de Adam Smith, então, eram: o que é a felicidade humana genuína, e como ela pode ser alcançada? O que constitui riqueza real, e qual é a conexão entre felicidade e riqueza? Por que alguns lugares são mais ricos do que outros, e como lugares mais pobres podem enriquecer? Quais instituições públicas podemos recomendar para realizarem nossas aspirações morais ao possibilitar às pessoas alcançar a felicidade? E, por fim: como podemos ajudar todos os cidadãos, em especial, os mais pobres, a ter uma vida não apenas de prosperidade, mas de propósito e significado? Esses eram os objetivos de Smith e do campo da economia política que ele praticava. Que projeto poderia ser mais benéfico e moral do que esse?

A beneficência propriamente dita deveria não ficar nas mãos do governo, mas na dos indivíduos, com base em seu conhecimento localizado e julgamento individual. Apenas eles podem saber se deveriam doar ou não e, em caso afirmativo, o que deveriam doar. É por isso que Smith argumenta que a beneficência não deveria ser extorquida à força.

SIMPATIA, SENTIMENTOS MORAIS E O ESPECTADOR IMPARCIAL

O PRIMEIRO LIVRO DE ADAM SMITH FOI A *TEORIA DOS SEN-*
timentos morais (TSM), publicado em 1759. A obra teve seis edições revisadas pelo próprio Smith, com a sexta e última sendo publicada pouco antes de sua morte em 1790. *Teoria* é baseada em palestras que Smith começou a ministrar regularmente na Universidade de Glasgow a partir de 1752, e o estabeleceu como um dos principais filósofos morais da época, tanto na Grã-Bretanha como na Europa. Pelo resto de sua vida — e algum tempo depois —, manteve-se como um dos livros mais influentes de filosofia moral. O grande filósofo Immanuel Kant (1724—1804), por exemplo, foi profundamente influenciado por essa obra, a ponto de chamar Smith de seu *Liebling* (do alemão, "favorito"). Por que teve um impacto tão grande?

O primeiro ponto a se notar é que o objetivo de Smith com *Teoria* não era recomendar comportamentos; sua preocupação principal não era dizer às pessoas como deveriam ou não se comportar. Portanto, não era uma obra sobre *moralismo*, mas algo mais próximo de um exercício naquilo que hoje chamaríamos de *psicologia moral*. Smith desejava entender como os seres humanos construíam seus sentimentos morais. Quase todos os seres humanos possuem sentimentos morais, e formar — e expressar — julgamentos morais é uma das principais atividades que realizamos. Como os seres humanos adquirem esses sentimentos morais? Como concluem que algumas coisas são moralmente necessárias, outras moralmente proibidas e outras ainda moralmente indiferentes? E o que explica a mudança nos sentimentos morais das pessoas e da sociedade ao longo do tempo? Um ponto observado por Smith é que as pessoas desenvolvem sentimentos morais ao longo da vida. Quando nascem, não possuem sentimentos morais, apenas desejos e vontades, que expressam gritando ou chorando. Ainda assim, à medida que crescem e amadurecem, desenvolvem um senso de moralidade cada vez mais sofisticado que lhes permite lidar com experiências sociais cada vez mais complexas.

Outro ponto levantado por Smith é que os sentimentos morais costumam mudar. O que se considera moralmente necessário, proibido ou indiferente muda com o tempo, tanto em nível individual quanto social. Como um exemplo recente, considere a ideia de bater nos filhos. No passado, e por muito tempo, considerava-se o castigo físico não só aceitável, mas também o dever de bons pais para corrigir o comportamento de seus filhos. Então, na segunda metade do século xx, os sentimentos começaram a mudar e, de exigência, a palmada tornou-se uma questão de preferência. Pouco tempo depois, os sentimentos mudaram novamente, e agora o consenso cultural parece defender que um pai não deve bater nos filhos. Muitas outras questões passaram por mudanças similares: casamento de pessoas do mesmo sexo, divórcio, obesidade, nacionalismo, machismo e assim por diante. Pode haver questões que pareçam mudar pouco — falaremos disso mais adiante —, mas muitas delas parecem passar por ciclos similares: pense no traje considerado apropriado para diferentes ocasiões.

Smith faz uma observação final: apesar das mudanças dinâmicas de nossos sentimentos morais ao longo do tempo, algumas questões parecem coincidir entre culturas e épocas: que os mortos deveriam ser respeitados, por exemplo (não importando como tal "respeito" é expressado); ou que o roubo (sob quaisquer circunstâncias) e o assassinato (propriamente definido) são errados, parecem fazer parte de um consenso intercultural. A teoria de Smith teria que explicar todas essas particularidades. Como Smith procede, então?

Em *Teoria*, Smith busca ser um cientista empírico nos moldes de Isaac Newton (1643—1727), quem Smith e outros representantes do Iluminismo Escocês acreditavam ter estabelecido o método correto de investigação científica. O método de Newton, como Smith o entendia, seguia o processo de, primeiro, observar os fenômenos a serem explicados; segundo, formular a hipótese que confirma seus padrões em leis e regras; terceiro, fazer previsões sobre os possíveis resultados em casos novos ou futuros; quarto, realizar mais observações para ver se as previsões se mantinham; e, por fim, revisar, reformular ou rejeitar hipóteses, como indicado ou exigido pelos novos dados observados. A ideia revolucionária de Smith era aplicar esse método *newtoniano* não apenas a objetos que se moviam no espaço, mas também ao comportamento humano. No caso de *Teoria*, Smith foca sua atenção no fenômeno do julgamento moral humano. Existem padrões regulares recorrentes que podemos inferir da observação de como os humanos julgam? Podemos formular hipóteses sobre o que explica tais padrões? Podemos testar nossas hipóteses frente a novas observações? A resposta de Smith a essas questões era "sim", e em *Teoria* ele oferece suas hipóteses, apoiadas por numerosos exemplos e observações. Chamei o projeto de Smith de "revolucionário" porque ele foi um dos primeiros a abordar a moralidade humana da mesma forma que um cientista empírico.* E a nova escola de pensamento moral por ele inaugurada, que poderia ser descrita como psicologia moral empírica, transformou a forma como os filósofos refletiam sobre a moralidade humana. O que Smith acreditava que seu novo método descobriria acerca da moralidade humana?

A hipótese principal de *Teoria* é que os seres humanos desejam, por natureza, o que Smith chama de "simpatia mútua de sentimentos" em relação a seus concidadãos. Para Smith, nesse contexto, "simpatia" não equivalia à compaixão; em vez disso, era um termo técnico que ele usava em concordância com o significado etimológico de "sentir com" (TSM, p. 10). Quando Smith afirma que todos nós desejamos simpatia mútua de sentimentos, ele está dizendo que ansiamos ver nossos próprios julgamentos e sentimentos ecoados nos outros. Sentimos prazer ao descobrir que os outros julgam pessoas, ações e comportamentos da mesma forma que nós; é desagradável, porém, descobrir que os outros julgam de forma diferente. Para ilustrar esse ponto, Smith dá o exemplo de contar piadas e rir de piadas. Existem piadas que seriam inapropriadas em uma reunião de negócios? Existem piadas que seriam apropriadas nessa mesma reunião? A resposta para ambas as perguntas é, sem dúvida, "sim". Mas como sabemos o que seria uma piada apropriada ou inapropriada? De onde vêm esses padrões? Smith é fascinado pelo fato de que temos uma capacidade quase

---

* O amigo de Smith, David Hume, foi outro filósofo a adotar essa nova forma de examinar a moralidade. Veja Hume (2000 [1740]: livro 3).

inata nessas questões. Mas ele também nota que nossos padrões mudam: o que poderia ter sido apropriado num determinado conjunto de circunstâncias há vinte anos pode ser inapropriado hoje. Por que os padrões mudam — e como sabemos que mudaram? Da mesma forma, rir de piadas: existe algo como rir "demais" de uma piada? É claro que sim! Quando o riso se torna "longo demais"? E, novamente, como sabemos disso?

Smith argumenta que as respostas a essas questões advêm, em última instância, de nosso desejo por simpatia mútua. Quando contamos ou rimos de uma piada — e os outros riem também — isso nos dá prazer, e essa resposta nos fornece um *feedback* positivo valioso. Em contraste, quando contamos ou rimos de uma piada — e os outros não — isso nos gera desconforto, o que também é um *feedback* valioso, mesmo que negativo. Em ambos os casos, eles nos ajudam a desenvolver e aprimorar nosso julgamento sobre os padrões de decência sobre rir e contar piadas. Smith escreve: "Um homem fica envergonhado quando, após ter se esforçado para divertir seus amigos, olha ao redor e vê que ninguém está rindo de sua piada, a não ser ele mesmo. Por outro lado, o riso do grupo muito lhe agrada, e ele considera essa reciprocidade entre os sentimentos deles e os seus como o mais caloroso dos aplausos" (TSM, p. 14). O que Smith chama de "reciprocidade de seus sentimentos" é a "simpatia mútua de sentimentos"; Smith acredita que nosso prazer, no primeiro caso, e desgosto, no segundo, são dicas importantes para o entendimento da psicologia humana e para o desenvolvimento de padrões comportamentais.

Como todos nós buscamos essa "simpatia" (TSM, pp. 13-6) — ou "harmonia", "concórdia" ou "correspondência" de sentimentos (outros termos utilizados por Smith) — muito da vida social é um "dar e receber" em que as pessoas tentam, alternadamente, ora moderar seus próprios sentimentos de modo que os outros possam "interagir com eles", ora estimular os sentimentos dos outros para que possam compará-los com os seus. Esse processo de ajuste mútuo resulta no desenvolvimento gradual de hábitos comuns e, posteriormente, de regras de comportamento e julgamento sobre questões que variam da etiqueta ao dever moral. Esse processo, argumenta Smith, também dá origem a um padrão final de julgamento moral que ele chama de "espectador imparcial", cuja perspectiva imaginada usamos para julgar tanto a nossa própria conduta como a dos outros. O "espectador imparcial" não é, segundo Smith, uma entidade misteriosa: é a fusão das experiências de julgamento de nossa vida. É ao vermos como as pessoas julgam o comportamento dos outros e o seu próprio, e como nós mesmos julgamos o nosso comportamento e o dos outros, que reunimos dados para desenvolver lentamente o nosso julgamento. Ao longo do tempo, construímos um conjunto de princípios em que confiamos para julgar tanto nós mesmos como os outros. À medida que amadurecemos, esse conjunto de princípios gradualmente se aglutina numa estrutura cada vez mais coerente de virtude ou vício, de decência ou indecência: ele se torna o padrão pelo qual julgamos o comportamento humano. Quando usamos o julgamento de nossa própria conduta, ele se transforma naquilo que chamamos de consciência.

Smith então vislumbra o que podemos chamar de "procedimento do espectador imparcial". Como funciona? Na juventude, nosso primeiro passo no processo de maturidade intelectual é nos perguntarmos como as pessoas que nos rodeiam percebem nossa conduta — o que fazemos e não fazemos, o que falamos e não falamos, e assim por diante. Com base em nossa experiência anterior, desenvolvemos a habilidade de prever como os outros irão reagir, responder ou julgar casos futuros. Quanto mais experiência adquirimos, melhores são nossas previsões. Mas uma experiência pela qual todos nós inevitavelmente passamos é a de ser mal interpretados. Talvez os outros não conheçam todas as circunstâncias de nossa situação, ou talvez nem se importem em se colocar em nosso lugar. Nesses casos, não alcançamos a simpatia mútua — desenvolvemos, em vez disso, uma "antipatia" dos sentimentos morais —, e isso é emocionalmente desagradável. É como quando contamos uma piada a nossos amigos, que pensamos ser engraçada, porém ninguém ri. Tal constrangimento cria um sentimento desagradável dentro de nós que nos ajuda a melhorar o julgamento futuro. Mas quando somos julgados injustamente, às vezes cremos que, se as pessoas tivessem acesso a todos os detalhes, ou tirassem um tempo para analisar a situação como um todo, elas *seriam* simpáticas com nossos sentimentos morais — mesmo se, na realidade, não simpatizassem. Tais experiências desagradáveis nos levam, pensa Smith, a considerar não o julgamento de nossa conduta pelos espectadores *reais* — espectadores que, afinal, são frequentemente parciais, desinformados ou simplesmente ocupados demais —, mas a nos questionarmos como um espectador imparcial dotado de todas as informações, se tal pessoa existisse, nos julgaria. Essa é a perspectiva do "espectador imparcial". Uma pessoa totalmente moral e madura, pensa Smith, se julgará por essa perspectiva imaginária e idealizada, que nos fornece orientação mais confiável do que os espectadores reais, frequentemente parciais, ao nosso redor.

O mau julgamento que normalmente sofremos de espectadores reais pode também ir na direção contrária. Enquanto pessoas que não nos conhecem tendem a não se dar ao trabalho de procurar compreender totalmente a nossa situação, nossa família e amigos podem, com frequência, ser muito parciais conosco. Por nos amarem e se preocuparem conosco, eles podem ser tolerantes demais ao julgar nosso comportamento. Nesses casos, seu *feedback* não é o que precisamos, pois não nos concede boa informação sobre como as pessoas fora de nosso círculo de família e amigos nos julgariam. Aqui também, imaginar o que um espectador totalmente informado, porém desinteressado e imparcial, pensaria de nossa conduta pode ajudar a corrigir a informação enviesada e parcial que obtemos de espectadores reais. Então, o "procedimento do espectador imparcial" de Smith torna-se o processo pelo qual podemos avaliar mais precisamente nossa própria conduta, além de agir como um dispositivo heurístico que podemos usar sempre que estivermos considerando fazer algo e refletindo se deveríamos.

Na prática, nos engajamos nesse processo ao nos perguntarmos o que uma pessoa totalmente informada, mas desinteressada, pensaria sobre nossa conduta. Se essa pessoa a aprovar, poderemos proceder; se desaprovar, deveríamos desistir. Se acatarmos o que imaginamos ser o julgamento desse espectador imparcial, sentiremos a satisfação baseada numa simpatia imaginada entre nossos próprios sentimentos morais e os sentimentos imaginados do espectador imparcial. Esse prazer reforça nosso comportamento e nos ajuda a desenvolver nosso julgamento na direção correta. Em contraste, se desobedecermos ou nos distanciarmos do julgamento imaginado do espectador imparcial, sentiremos uma culpa desagradável baseada na antipatia entre os nossos sentimentos e aqueles do espectador imparcial. Isso coíbe o comportamento, novamente ajudando a desenvolver nosso julgamento de forma adequada.

A moralidade na abordagem de Smith é, portanto, uma questão terrena. Embora faça referências frequentes a Deus e ao "Autor da Natureza" em *Teoria*, o processo real descrito por Smith se desenvolve como resultado de nossas experiências de vida enquanto buscamos simpatia mútua e evitamos a antipatia de sentimentos com as outras pessoas que encontramos. A pedra fundamental da antropologia moral de Smith é o desejo pela simpatia mútua de sentimentos. Smith acredita que ela é inerente aos seres humanos e, portanto, age como uma força social centrípeta que nos leva a viver em comunhão com os outros. Embora existam outras necessidades e desejos que podem ser satisfeitos apenas pela interação com outros seres humanos — como bens e serviços produzidos e trocados no mercado, por exemplo — não obstante, o desejo de simpatia mútua e o prazer que ela concede quando é alcançada são, para Smith, a cola que une toda a sociedade humana. Sem ela, não teríamos comunidade e, portanto, nenhuma moralidade; com ela, tanto a comunidade como os padrões morais compartilhados são possíveis.

É a grande multiplicação das produções de todas as diferentes artes, em consequência da divisão do trabalho, que gera, em uma sociedade bem governada, a riqueza universal que se estende às camadas mais baixas da população.

O NÁUFRAGO SOLITÁRIO E A OBJETIVIDADE MORAL

NO CAPÍTULO ANTERIOR, VIMOS QUE SMITH ACREDITAVA que nossos sentimentos morais se desenvolviam com o tempo através de um processo quase evolucionário que depende de interações com os outros. Existem outros dois elementos importantes do argumento de Smith que completam sua explicação das origens da moralidade humana.

O primeiro está num notável experimento mental descrito por Smith. Ele nos pede para imaginarmos uma pessoa que tenha crescido totalmente fora da sociedade, sem contato com outros humanos — um náufrago solitário, talvez (TSM, pp. 110-1). Essa pessoa, caso fosse capaz de sobreviver por conta própria, teria quaisquer sentimentos que poderíamos realmente chamar de "morais"? A resposta de Smith é "não": ela poderia desenvolver gostos e desgostos (isso é saboroso, isso não; isso machuca, isso não; etc.), mas Smith argumenta que ela não desenvolveria noções do que é próprio ou impróprio, tais como "eu não deveria ter feito isso" ou "agi de forma injusta". A razão para tal, segundo

Smith, é a falta da experiência com o "espelho" de sua própria conduta, a saber, a vida em sociedade. Ao nunca ter tido o *feedback*, tanto negativo quanto positivo, do julgamento dos outros, seu desejo por simpatia mútua de sentimentos nunca foi despertado, o que, por sua vez, significa que ela nunca teve a oportunidade de desenvolver seus próprios sentimentos morais. Como essa pessoa poderia desenvolver sentimentos morais? Smith responde: "Insira-a na sociedade, e todas as suas próprias paixões se tornarão causas imediatas de novas paixões. Ela perceberá que os homens aprovam algumas, enquanto desaprovam outras. No primeiro caso, a pessoa se sentirá elevada; no segundo, abatida; seus desejos e aversões, alegrias e tristezas, se tornarão causas de novos desejos e novas aversões, novas alegrias e novas tristezas e, por isso, serão de seu profundo interesse, e muitas vezes merecerão sua total consideração" (TSM, p. 111).

Assim que for inserido na sociedade, o indivíduo começará o processo que, para a maioria de nós, começou na infância, aquilo que Smith chama de "a grande escola do autodomínio" (TSM, p. 145). Quando somos julgados pelos outros, tendo a experiência prazerosa ou desagradável (dependendo do caso) de perceber que desfrutamos a simpatia ou a antipatia dos sentimentos dos outros, é que começamos a nos esforçar para dirigir conscientemente nosso comportamento para conquistar mais da primeira, e menos da segunda. Só então começamos a desenvolver e exercitar a virtude que Smith descreve como "não apenas uma grande virtude, mas aquela da qual todas as outras virtudes parecem derivar seu brilho" (TSM, p. 241) — ou seja, o "autodomínio", ou o controle do nosso comportamento de modo a atender às expectativas e julgamentos dos outros. Só então começamos o longo processo de conversão em verdadeiros agentes morais. Estar na companhia dos outros é, portanto, necessário não apenas porque nos permite enriquecer — mais disso adiante —, mas, principalmente, porque permite que nos tornemos morais.

O segundo elemento importante da explicação de Smith se relaciona à sua afirmação acerca de nosso desejo de "não ser apenas amado, mas amável", ou "ser objeto natural e adequado de amor" (TSM, p. 113). Mais ainda, Smith argumenta que nós "desejamos ser tão respeitáveis quanto respeitados" (TSM, p. 62). Desejamos, nas palavras de Smith, não apenas ser estimados, mas também ser merecedores de estima; ele argumenta que, da mesma forma que a desaprovação sem mérito é desagradável, a aprovação sem mérito também o é: um "louvor ignorante e sem base não pode nos alegrar". Por quê? Porque sabemos que um espectador imparcial propriamente informado, na verdade, não nos elogiaria. Quando imaginamos como tal espectador nos julgaria, e percebemos que ele não nos elogiaria tanto quanto os espectadores reais, percebemos um fracasso em alcançar a simpatia mútua com o espectador imparcial. Assim, o desejo de simpatia mútua, que na visão de Smith explica muito de nossas personalidades morais, funciona aqui também: ele nos dota "não apenas com o desejo de ser aprovado, mas também de sermos objeto de aprovação necessária; ou de sermos aprovados pelo que [nós mesmos] aprovamos nos outros" (TSM, p. 117).

Por que isso é tão importante? Smith está tentando reconciliar duas afirmações sobre a moralidade humana que, de outra forma, parecem antagônicas entre si. Em primeiro lugar, suas observações o levaram a acreditar que, com o tempo, os sentimentos morais de um indivíduo se desenvolvem como uma interação entre suas próprias motivações, incluindo, em particular, seu desejo pela simpatia mútua de sentimentos — e as experiências com as pessoas com quem o indivíduo teve contato. Por essa descrição, os sentimentos morais maduros de um indivíduo dependem de suas próprias experiências e de seu ambiente. Em segundo lugar, todavia, Smith também observou que, em alguns temas específicos, parece haver uma coincidência significativa entre culturas sobre o que constitui a essência da virtude humana. Além disso, enquanto alguns de nossos sentimentos morais parecem variar entre culturas e épocas, defendemos alguns deles com uma certeza quase inabalável. O primeiro ponto sugere um tipo de relativismo moral; o segundo, de objetividade moral. Como ambos podem ser verdadeiros?

A alegação de Smith de que desejamos não apenas "ser amados", mas também ser "amáveis" é o início da resposta. Nosso desejo de obter simpatia mútua nos leva, como vimos, à comunhão com o outro. Além disso, um elemento central da felicidade é gostar de se relacionar com o outro. Smith escreve, por exemplo, que "a maior parte da felicidade humana surge da consciência de ser amado" (TSM, p. 41). Smith afirma, ainda, que o homem "pode apenas subsistir em sociedade": "Todos os membros da sociedade humana necessitam da ajuda uns dos outros e estão igualmente expostos a ofensas mútuas. Onde a ajuda necessária é provida reciprocamente por amor, gratidão, amizade e estima, a sociedade floresce e é feliz. Todos os seus distintos membros são unidos por laços consensuais de amor e afeição, como se atraídos para um centro comum de valiosos serviços recíprocos" (TSM, p. 85). Assim, nosso desejo por simpatia mútua de sentimentos, por ser mútuo — significando que cada um de nós a deseja — leva-nos a viver em sociedade. Pois, além disso, precisamos uns dos outros não apenas para prover nossos "valiosos serviços recíprocos", mas também por causa do amor, da amizade e da estima; somos forte e naturalmente motivados a encontrar formas de comportamento mutuamente consensuais. Assim, os padrões de comportamento que descobrimos, e que são positivamente reforçados pelo alcance da simpatia mútua de sentimentos, tornam-se um conjunto de padrões morais reais. São criados por seres humanos, porém não são arbitrários ou subjetivos: devem também obter a aprovação dos outros e, portanto, estão sujeitos à correção social externa. E como temos necessidades psicológicas e materiais semelhantes que precisam ser atendidas apenas em sociedade com os outros, deve existir alguma uniformidade entre culturas, mesmo com variação nos detalhes. O padrão do espectador imparcial permitiria, então, alguma variabilidade em questões menos centrais à sobrevivência humana, e mais consolidação em questões mais fundamentais.

Se Smith estiver certo, deveria haver aspectos do comportamento humano que são, de fato, específicos de uma sociedade e de uma cultura, e outros que se sustentam em diferentes sociedades e culturas. E eles existem? Os primeiros são fáceis de encontrar, mas o que dizer dos últimos? Isso nos leva à discussão das regras de justiça de Smith.

No grande tabuleiro da sociedade humana, toda simples peça tem um princípio próprio de movimento, totalmente diferente daquele que a legislatura pode escolher para ela.

JUSTIÇA E BENEFICÊNCIA

EM SEU *A TEORIA DOS SENTIMENTOS MORAIS*, DE 1759, Adam Smith divide a virtude moral em duas grandes categorias: "justiça" e "beneficência". Smith descreve "justiça" como uma virtude "negativa", o que significa que, para realizá-la, devemos meramente nos abster de causar dano aos outros. Em contraste, "beneficência" é uma virtude "positiva", pois, para realizá-la, devemos nos engajar numa ação positiva para melhorar a situação dos outros. Para Smith, a beneficência inclui ideias como caridade, generosidade e amizade, elementos que inspiram gratidão nos beneficiários de nossas ações. A justiça, por outro lado, exige que não prejudiquemos ou causemos dano aos outros; se violamos a justiça, geramos ressentimento naqueles que prejudicamos.

Smith argumenta que existem apenas três regras de justiça: (i) a regra de "proteger a vida e a pessoa de nosso próximo"; (ii) a regra de "proteger a propriedade e as posses de nosso próximo"; e (iii) a regra de "proteger o que chamamos de direitos pessoais de nosso próximo, ou o que é devido a ele pelas promessas dos outros". Podemos nos lembrar das regras de justiça como os "3Ps": *pessoa, propriedade e promessa*. O argumento de Smith é que se não assassinarmos, escravizarmos ou molestarmos os outros; se não roubarmos, invadirmos ou violarmos a propriedade deles; e se não trairmos promessas ou contratos voluntários que fizemos, teremos agido com justiça para com os outros. Assim, a pessoa justa é aquela que, não importa o que faça, não causa dano ou prejuízo aos outros em seus "3Ps". Como Smith destaca: "É possível cumprir todas as regras de justiça ficando parados, sem fazer nada" (TSM, p. 82).

A beneficência, todavia, é outra questão. Para cumprir nossas obrigações beneficentes — segundo Smith, temos deveres de beneficência —, devemos tomar atitudes positivas para melhorar a situação dos outros. Pais têm deveres de beneficência para com seus filhos, por exemplo; amigos têm deveres uns com os outros, e assim por diante. Todavia, para contar como beneficência, e não mera benevolência (esta última significando apenas "desejar o bem dos outros", enquanto a primeira significa "beneficiar os outros"), uma ação deve não apenas melhorar a situação do próximo, mas também ter algum custo para nós — um custo financeiro, de tempo ou de outros recursos. Mas Smith estabelece algumas qualificações com respeito à beneficência. Primeiro, ele diz que "a beneficência é sempre voluntária, e não pode ser extorquida pela força" (TSM, p. 78). Por quê? Por diversas razões. Uma delas é que "o mero desejo de beneficência tende a não causar nenhum mal verdadeiro" (TSM, p. 78). Se eu não lhe fizer algo bom, mesmo você esperando que eu faça, eu não pioro a sua situação: você segue na mesma situação atual. Smith argumenta que a força pode ser usada apenas para prevenir ou corrigir um dano real. No entanto, se eu agir de forma injusta com você, de fato, pioro a sua situação. E, segundo, a beneficência real é, na verdade, surpreendentemente difícil. Costuma ser muito difícil saber o que constituiria ajuda genuína a outra pessoa. Pense em alguém pedindo esmola na rua. O que constituiria uma ajuda genuína para ele? Dinheiro? Comida? Conselhos? Amizade? Nada? Qualquer um desses poderia ser exigido, e circunstâncias diferentes exigem ações diferentes. Isso não se aplica apenas ao beneficiário da ajuda, mas também ao seu doador: qual é o melhor uso do tempo, talento e riqueza do doador? Que outras obrigações o doador tem? Essa não é apenas uma tentativa de racionalizar o desejo de não ajudar; afinal, sem um conhecimento detalhado da situação específica de ambos, beneficiário e doador, não podemos saber qual beneficência é necessária em cada caso particular. Por essa razão, Smith argumenta que a beneficência propriamente dita deveria não ficar nas mãos do governo, mas na dos indivíduos, com base em seu conhecimento localizado e julgamento individual. Apenas eles podem saber se deveriam doar ou não e, em caso afirmativo, o que deveriam doar. É por isso que Smith argumenta que a beneficência não deveria ser extorquida à força de longe.

Mas há outra razão para Smith considerar que a beneficência "não pode ser extorquida pela força": não obtemos nenhum crédito moral por ajudar os outros se formos forçados a fazê-lo. Para algo contar como ação moral, deve ser livremente escolhido. "O que a amizade, a generosidade, a caridade nos levariam a fazer com aprovação universal é ainda mais voluntário, e menos passível de ser extorquido pela força, do que os deveres da gratidão" (TSM, p. 79). Seja qual for o caso, para uma ação contar como moral — e, portanto, se qualificar como virtuosa ou viciosa —, o indivíduo deve ter tido a oportunidade de escolher de forma contrária. Apenas quando alguém decide livremente assumir o custo de afetar a situação de outra pessoa é que ele recebe crédito moral (ou culpa, dependendo do caso) por tal escolha. Um cão que morde uma garotinha não é moralmente culpado por sua ação, mesmo que tenha causado danos, e uma árvore não recebe crédito moral por prover uma sombra tão necessária. Da mesma forma, uma pessoa forçada a doar para a caridade — por exemplo, através de uma transferência governamental obrigatória — não recebe crédito moral por isso.

Smith chama as regras de justiça de "sagradas", o que pode parecer uma palavra estranhamente forte para uma abordagem que afirma que as virtudes morais surgem com base na experiência e nas interações entre indivíduos. Por que ele chamaria a justiça de "sagrada"? A resposta é que Smith acredita que as regras de justiça são necessárias para que qualquer sociedade exista. Ele as chama de "os pilares que sustentam o edifício" da sociedade, enquanto a beneficência é o "ornamento que a embeleza" (TSM, p. 86). Uma sociedade repleta de pessoas que cumprem perfeitamente as regras de justiça — que, nunca causam danos aos outros em sua pessoa, propriedade ou promessas —, mas que não se dedicam à ação beneficente, pode não ser a sociedade mais convidativa para se viver. Ainda assim, ela pode sobreviver. Por outro lado, uma sociedade em que as pessoas rotineiramente causam danos entre si, mas são educadas ao fazê-lo — ou, talvez, doem parte de sua pilhagem à caridade — é, independentemente de outros atrativos que possa ter, inviável neste mundo. Smith chega a dizer que, mesmo em uma "sociedade de ladrões e assassinos, eles devem pelo menos, segundo o senso comum, abster-se de roubar e assassinar seus comparsas" (TSM, p. 86). Ele conclui dessa observação "banal" que a "beneficência é, portanto, menos essencial que a justiça para a existência da sociedade. A sociedade pode subsistir, embora não num estado confortável, sem beneficência; mas a prevalência da injustiça certamente irá destruí-la" (TSM, p. 86). Para Smith, então, a justiça é tanto necessária como suficiente para a sobrevivência da sociedade, e é por isso que, para ele, as regras de justiça são "sagradas". A beneficência, em contraste, não é nem necessária nem suficiente para a manutenção da sociedade, e, portanto, não recebe a mesma menção honorífica.

Como a justiça é necessária para a sobrevivência de qualquer sociedade, Smith acredita que todas as sociedades de sucesso terão adotado regras de justiça — e exatamente essas regras de justiça. Por tentativa e erro, as sociedades humanas, ao longo do tempo e entre culturas, passaram a ver, com níveis variados de sucesso, que seguir as regras de justiça (como ele as entendia) era um fator imprescindível para o funcionamento permanente dessas sociedades. Mas essa não é uma questão de tudo ou nada. Embora talvez nenhuma sociedade tenha imposto tais regras e zelado por seu cumprimento, algumas delas as seguem e defendem em maior medida que outras. Uma possível implicação da abordagem de Smith é que a felicidade e a prosperidade relativas em uma dada sociedade acompanharão o grau relativo de justiça seguido por seus cidadãos, e assegurado por suas instituições. O fato de a interpretação de Smith implicar previsões como essa, que podem ser empiricamente verificadas ou consideradas falsas, é parte do que faz dela uma ciência e não uma pseudociência. Em capítulos posteriores, teremos a chance de analisar alguma evidência empírica que parece confirmar a previsão de Smith; mas, por ora, deixemos que o leitor avalie se Smith acertou ou não. O ponto importante aqui é que o critério do sucesso ou fracasso final da sociedade, e sua dependência dessas regras de justiça específicas, explicam por que Smith as chama de "sagradas", e por que ele pensa que têm importância fundamental mesmo se não tiverem nenhuma sanção transcendental de, digamos, Deus ou da lei natural.

UMA OBJEÇÃO

A completa distinção entre justiça e beneficência feita por Smith terá implicações importantes na discussão sobre o papel adequado do governo na vida humana. Elas serão discutidas nos próximos capítulos, mas, antes de encerrar nosso debate sobre essa distinção, é prudente abordar uma objeção que pode ser feita à descrição de Smith. O termo "justiça social" pode significar coisas diferentes para pessoas diferentes, mas um aspecto comum à maioria das definições é que a justiça deveria incorporar pelo menos alguns deveres de beneficência. A objeção da justiça social a Smith é que sua definição de justiça é muito estreita por não incorporar suficientemente nossas obrigações para com aqueles que precisam de nossa ajuda.

O filósofo Peter Singer (2009), por exemplo, nos propõe o seguinte experimento mental. Imagine que você esteja a caminho de uma importante entrevista de emprego. Você passa por uma fonte e vê uma criança pequena se afogando. Ela não é sua filha e você não a colocou na água; porém, percebe que, se você não mergulhar para salvá-la, ela irá se afogar. Suponha que, se salvar a criança, você molhará os sapatos, perderá sua entrevista e não conseguirá o emprego. Frente a isso, Singer pergunta: "Você deveria salvar a criança?". A resposta óbvia é "sim", você deveria salvar a criança. Essa é a parte fácil. A parte difícil é: o que deveríamos dizer sobre uma pessoa que decidiu *não* salvá-la? Como deveríamos caracterizar sua inação imoral? Na distinção de Smith entre justiça e beneficência, tudo que poderíamos dizer é que a pessoa teve *insuficiente beneficência*. Mas Singer argumenta que isso parece muito fraco. Não deveríamos ser capazes de dizer que a pessoa falhou na justiça — em outras palavras, que agiu injustamente? A razão para pedir uma condenação mais dura da "injustiça" é que ela poderia também justificar uma punição. Lembre-se, na abordagem de Smith, não podemos forçar a beneficência. Podemos reforçar regras de justiça, coercivamente se necessário, podemos punir a injustiça — novamente, de forma coerciva, se necessário. Mas Smith acredita que a beneficência deve ser "voluntária", o que implica não apenas que a ação beneficente não pode ser forçada, mas também que o fracasso em agir dessa forma não pode ser punido (de forma coerciva). Então, Smith não nos permitiria punir a pessoa que deixou de salvar a criança. Da mesma forma, Smith aparentemente não nos permitiria punir pessoas em situações em que elas poderiam ajudar, e quando sua ajuda é desejada ou necessária aos outros. Por essa razão, Singer e outros pensadores criticam a interpretação de Smith como sendo insuficiente, já que elimina mecanismos importantes de ajuda na sociedade quando ações privadas e voluntárias são insuficientes.

Então, quem está certo — Smith ou Singer? Com base na descrição de Smith, podemos supor que, se ele estivesse vivo para responder, sugeriria que a acusação de "beneficência insuficiente" não é tão fraca quanto Singer supõe. Que medida poderíamos tomar, desde a perspectiva de Smith, com respeito à pessoa que falha em resgatar a criança, ou àquela que falha em ajudar quem precisa ou deseja sua ajuda? Poderíamos condená-la publicamente. Poderíamos decidir não ter amizade ou não nos associarmos com ela. Poderíamos escrever um editorial no jornal denunciando suas ações. Todas essas e muitas outras ações poderiam ser tomadas; o argumento de Smith proibiria apenas a iniciação de punição coerciva contra ela — sem multas ou prisão. As ações permitidas por Smith são suficientes? Smith parece acreditar que, na maioria dos casos, sim. A condenação pública e a consciência de ser julgado negativamente pelos outros são, de acordo com Smith, fatores motivadores poderosos para o comportamento humano. "A natureza", segundo Smith, "nos presenteou [humanidade], não apenas com o desejo de sermos aprovados, mas de nos tornarmos objetos de aprovação; ou de sermos aprovados pelo que aprovamos nos outros" (TSM, p. 117). Para a pessoa que se tornou consciente de que suas ações não apenas receberam culpa, mas são culpáveis, a culpa pode ser debilitante: "essas agonias naturais de uma consciência atemorizada são os demônios, as fúrias vingativas, que, nessa vida, perseguem os culpados, que não lhes permitem nem paz nem repouso e que, com frequência, os levam ao desespero e à distração (TSM, p. 118). Tão forte é nosso desejo de simpatia mútua que, segundo Smith, ficamos "muito envergonhados" ao perceber que os outros não aprovam nossa conduta (TSM, pp. 14; 60; 116).

Ainda assim, será essa vergonha suficientemente confiável para gerar a conduta beneficente correta? Ou deveríamos ter instituições públicas que, além de fazer cumprir a justiça, façam cumprir a beneficência — coercivamente se necessário? Smith oferece outras razões em apoio a essa definição estreita de justiça, às quais retornaremos em capítulos posteriores ao falarmos da discussão do que Smith acredita ser o papel adequado do governo. Mas, por ora, a avaliação da posição de Smith fica a critério do leitor. O que importa agora é que entendemos a posição de Smith: a de que o governo pode ser incumbido de fazer cumprir a justiça, mas que agir com beneficência e fazê-la ser cumprida de maneira apropriada deve ser responsabilidade dos indivíduos e de entidades privadas.

O MERCADO DA MORALIDADE

COMO VIMOS NO CAPÍTULO 1, ADAM SMITH FOI, SOBRE-tudo, um filósofo moral. Em seu *A teoria dos sentimentos morais*, buscava entender como os seres humanos desenvolvem sentimentos morais, e como formam julgamentos morais. Nos Capítulos 2, 3 e 4, Smith descreveu um processo pelo qual os indivíduos desenvolvem sentimentos morais ao longo do tempo, por meio da interação com os outros, e com base na experiência de ver os outros julgarem e serem julgados. Na Introdução, levantei a questão histórica e acadêmica conhecida como o "problema de Adam Smith", o qual alega uma divergência entre a descrição de moralidade em *Teoria*, por um lado, e a descrição aparentemente diferente de economia política em *Riqueza*, por outro. As duas descrições podem ser conciliadas? Argumentei no Capítulo 1 que ambas poderiam ser conciliadas por um entendimento adequado do projeto de "economia política" de Smith. Neste capítulo, permita-me explicar como os projetos de ambos os livros se complementam.

***

A explicação que Smith oferece para o desenvolvimento de padrões morais segue um processo de criação que hoje chamamos de "ordem espontânea". Uma ordem espontânea é um sistema que surge, de acordo com o contemporâneo de Smith, Adam Ferguson, como "o resultado da ação humana, mas não do desígnio humano" (FERGUSON, 1996 [1767], p. 119). Como aprofundada no século XX por pensadores como Michael Polanyi e Friedrich Hayek, essa teoria se refere ao desenvolvimento de um sistema ordenado que surge das ações descentralizadas de indivíduos, mas sem a intenção de projetar um sistema geral. A linguagem é um bom exemplo. A língua inglesa é um sistema relativamente ordenado: contém regras de gramática, definição de palavras, pronúncias aceitas ou aceitáveis; no entanto, não foi uma única pessoa ou grupo de pessoas que a inventou ou projetou. Ela vive e muda de acordo com os propósitos e os desejos de seus usuários, e regras são geradas e reforçadas pelos próprios usuários. Para que a língua inglesa cumpra seu propósito de permitir que os usuários comuniquem seus pensamentos, suas regras devem ser comumente aceitas; porém, como as experiências e os propósitos dos usuários mudam, a própria língua também muda, pelo menos nas margens, ao longo do tempo. A qualquer momento, a maioria dos elementos da língua é fixo, admitindo pouca ou nenhuma variação. Ainda assim, há sempre espaço para empreendedores da língua testarem novos usos. Se outros usuários concluírem que os novos usos servem bem aos seus propósitos, poderão adotá-los, tornando-os, por fim, parte do corpo geralmente aceito da linguagem. Alguns novos usos surgirão, mas fracassarão em alcançar uso generalizado e, então, sumirão. Tudo isso segue naturalmente, sem qualquer arquiteto ou designer geral da língua.

Outro bom exemplo de ordem espontânea são os ecossistemas. Olhe ao seu redor e observe como os vários elementos dos ecossistemas parecem se encaixar bem: plantas e animais parecem bem-adaptados para ter êxito em seus ambientes particulares, e as várias partes parecem funcionar bem juntas, produzindo um todo harmonioso. Frente a essas observações, muitos concluíram que o mundo, portanto, deve ter tido algum tipo de designer inteligente, ou talvez um Designer Inteligente, que criou tudo do zero, integrando todos os seus elementos em um todo racional. Ainda assim, uma das coisas percebidas por Charles Darwin (1809—82) é que essa aparente harmonia é consequência, na verdade, de um conflito turbulento e feroz pela sobrevivência, com muitos animais e plantas individuais condenados à extinção. Assim, existe uma competição pela sobrevivência, em que alguns dos indivíduos mais bem-adaptados sobrevivem, enquanto outros, não. Essa competição dá origem, com o passar do tempo, à existência de organismos e espécies relativamente mais bem-adaptados, cuja aptidão pode parecer ter sido projetada anteriormente e de forma racional, mas que, na verdade, é meramente o resultado de milhares de disputas localizadas por recursos escassos e oportunidades de reprodução. Mesmo organismos extremamente complexos, como os seres humanos e os órgãos, tais como o olho humano, podem surgir desse esforço multiplamente repetitivo pela sobrevivência por milhares e milhares de gerações.

Outro exemplo de ordem espontânea: o mercado econômico. Como Smith descreveu em *A riqueza das nações*, os agentes individuais nos mercados econômicos certamente têm intenções — todos querem, nas palavras dele, "melhorar suas próprias condições" (RN, p. 345) —, todavia, eles normalmente não têm em mente grandes intenções sobre um sistema geral de ordem de mercado. Eles desejam apenas alcançar propósitos localizados em cooperação com outros indivíduos dispostos. Ainda assim, as tentativas descentralizadas de indivíduos para alcançarem seus propósitos levam ao desenvolvimento de padrões e, até mesmo, de princípios de comportamento que parecem criados por uma mente sábia.

Relacionemos agora essa discussão da ordem espontânea à descrição de Smith da moralidade humana. Seu argumento é que a moralidade humana é um sistema social que surge — como línguas, ecossistemas e mercados — com base nas decisões, ações e interações de milhares de indivíduos, mas sem qualquer plano-mestre e, muito menos, um designer inteligente. Cada pessoa começa a vida sem sentimentos morais, mas com um desejo instintivo de simpatia mútua. Interações com os outros — e, em particular, experiências nas quais os outros nos julgam — despertam nosso desejo de simpatia mútua, dando início a um processo vitalício de busca de formas de comportamento que podem conquistar essa simpatia que Smith acredita estar, junto com o desejo de se reproduzir, entre os mais poderosos desejos sociais humanos. O processo de tentativa e erro que conduzimos com outros que também desejam conquistar simpatia mútua leva-nos a desenvolver hábitos de comportamento que refletem tentativas exitosas. Esses hábitos acabam se tornando, conforme são refinados, princípios de comportamento e, então, passam a informar a nossa consciência. Como desenvolvemos esses princípios com os outros em comunidade, eles podem se tornar um sistema compartilhado de julgamento moral — que nenhum de nós planejou, mas para o qual todos contribuem; que reconhecemos e respeitamos (mesmo se o desrespeitamos), e que é reforçado principalmente pelos membros da própria comunidade.

Em algum momento, os sentimentos morais compartilhados por uma comunidade podem parecer óbvios, consagrados por um legislador sábio (ou mesmo divino), ou deduzidos da razão pura ou da lei natural. O argumento de Smith não é que Deus não existe ou não quis que desenvolvêssemos um conjunto específico de sentimentos morais. De fato, Smith aparentemente era cristão e, por isso, parecia acreditar tanto que Deus nos havia criado, como que Ele queria que fôssemos felizes.* O argumento de Smith, por sua vez, é que Deus nos criou com as ferramentas psicológicas básicas — em particular, o desejo de simpatia mútua de sentimentos —, bem como com as circunstâncias necessárias — em particular a escassez de recursos, o que requer cooperação entre as pessoas para sobrevivência e florescimento — que nos levariam, ou poderiam nos levar a desenvolver comunidades mutuamente benéficas de virtude e prosperidade. Tudo isso aconteceria de forma cooperativa e conjunta, mas sem a necessidade de intervenção divina. No entanto, Smith também acreditava que a observação empírica sugeria que os seres humanos são imperfeitos e, com frequência, cometem erros. Eles têm livre-arbítrio para fazer escolhas — algumas das quais beneficiam a eles próprios e aos outros, enquanto outras acabarão prejudicando a eles e aos outros. O processo que ele imagina é, portanto, similar ao que Darwin proporia no século seguinte para explicar a origem das espécies e dos ecossistemas na ordem natural.** Há muita turbulência e variação em nível micro, mas as ações e as interações descentralizadas dos indivíduos dão origem a um

---

* Estudiosos modernos diferem quanto à extensão a que as muitas referências de Smith a Deus, ao "Autor da natureza", etc. são indicativas de suas reais crenças religiosas. Para discussão, veja Ross (2010) e, para perspectivas diversas, Oslington (2011).
** Para uma discussão recente da ligação entre Smith e Darwin, veja Ridley (2015), em especial, o Capítulo 2.

sistema relativamente ordeiro em nível macro. Essa ordem é relativamente estável, identificável e cientificamente descritível, embora ainda sujeita a mudanças com o tempo, pelo menos nas margens, como resultado das circunstâncias, propósitos e experiências mutáveis dos indivíduos envolvidos.

A descrição inovadora de Smith sobre a moralidade humana tem um caráter evolucionário. Não nascemos com sentimentos morais; tampouco os deduzimos ou adquirimos de forma automática. Em vez disso, *desenvolvemos* sentimentos morais ao longo do tempo. No nível individual, aperfeiçoamos nosso julgamento e nossos sentimentos como resultado de nossas interações com os outros e com o *feedback* que obtemos dos julgamentos positivos e negativos deles. Esse *feedback* tem influência sobre nós devido ao prazer que obtemos ao alcançar simpatia mútua de sentimentos e o desprazer que obtemos ao experimentar antipatia de sentimentos. Portanto, somos encorajados a descobrir e seguir regras de comportamento que passamos a entender como "morais" devido às nossas necessidades e desejos, que podem ser satisfeitos apenas por relações cooperativas com os outros (que podem, se quiserem, escolher não se associarem conosco, criando assim escassez e concorrência). E nosso esforço descentralizado para descobrir e seguir essas regras dá origem — sem intenção, sem qualquer um de nós planejá-lo — a um sistema compartilhado de moralidade.

Algumas das regras dessa moralidade descoberta e desenvolvida são tão centrais para a existência de nossa comunidade, necessárias para a sobrevivência individual, que são repetidamente reforçadas e profundamente fixadas em nossa consciência. Elas podem chegar a parecer quase, ou de fato, "sagradas", como Smith descreve suas regras de "justiça". Outras são menos centrais para a nossa sobrevivência, então admitem mais variações

— como as regras sobre a vestimenta apropriada, piadas, boas maneiras e assim por diante. Ainda outras são de grande importância para a nossa habilidade de alcançar a felicidade, mas são muito dependentes de circunstâncias e propósitos específicos, portanto, não admitem universalização. As regras da "beneficência" caem nessa categoria: todos nós desejamos que os outros ajam com beneficência para conosco, e aprovamos a beneficência adequada nos outros como em nós; logo, temos deveres claros de beneficência. Não obstante, o que conta como beneficência apropriada em qualquer caso específico depende tanto de detalhes circunstanciais particulares, que nosso sistema de moralidade endossa a beneficência apenas no geral e no abstrato — deveríamos ser generosos, caritativos, prestativos, amigáveis, leais e assim por diante —, enquanto deixamos as instanciações particulares dessas virtudes na própria vida das pessoas aos indivíduos e às comunidades localizadas relevantes. Smith escreve: "As regras de justiça devem ser comparadas às regras da gramática; as regras das outras virtudes, às regras apontadas pelos críticos para a realização do sublime e do elegante na composição. As primeiras são precisas, acuradas e indispensáveis; as outras, imprecisas e indeterminadas, e mais oferecem uma ideia geral da perfeição em que devemos mirar do que qualquer direção certa e infalível para a adquirir" (TSM, pp. 175-6).

Podemos agora especificar os elementos particulares do modelo de Smith para entender a instituição humana social da moralidade de acordo com o que ele chamou de "mercado da moralidade". Ele tem seis elementos: motivação do desejo, mercado, competição, regras desenvolvidas, ordem espontânea resultante e objetividade. Aqui é como acredito que Smith utiliza e entende esses seis elementos.

1. **Desejo motivador:** o "desejo pela simpatia mútua de sentimentos", que Smith crê ser comum a todos os seres humanos.
2. **Mercado:** o que se troca são nossos sentimentos pessoais e julgamentos morais.
3. **Competição:** como todos querem a simpatia mútua de sentimentos, mas não podemos todos simpatizar com os sentimentos de todos, a simpatia mútua se torna um recurso escasso muito desejado.
4. **Regras desenvolvidas:** padrões de julgamento moral e regras que determinam o que Smith chama de "propriedade" e "mérito" – ou o que poderíamos chamar de virtude e vício, bom comportamento e mau comportamento, e assim por diante. Algumas dessas regras são relativamente fixas, como as regras de justiça, enquanto outras, como a beneficência, são mais variáveis.
5. **Ordem "espontânea" resultante:** padrões de moralidade normalmente compartilhados, julgamento moral, maneiras e etiqueta.
6. **Objetividade:** o julgamento do espectador imparcial, construído indutivamente com base na experiência de vida das pessoas com os outros.

Uma consideração final. O leitor pode ter percebido meu uso do termo "mercado" na descrição do modelo de "mercado de moralidade" de Smith. Uso o termo deliberadamente porque as características do modelo de Smith se assemelham a de uma ordem de mercado mais comum em outras partes da vida social humana, como o mercado econômico. O sistema de moralidade humana que Smith está tentando explicar e descrever envolve elementos de troca, competição e cooperação no contexto do esforço descentralizado por recursos escassos que, realmente, se parece com um mercado econômico. Se elementos similares podem ser encontrados em *A riqueza das nações*, significa que o modelo desenvolvido por Smith em *A teoria dos sentimentos morais* também se aplica a *Riqueza*. Assim, longe de serem inconsistentes, os dois livros estariam unidos num nível mais profundo. Esse é o mesmo modelo, na verdade, apresentado em *Riqueza*. Trataremos disso no próximo capítulo.

A mão invisível oferece um caminho para canalizar o conhecimento limitado e as preocupações de interesse próprio do indivíduo em benefício dos outros, mesmo que de forma involuntária.

A DIVISÃO DO TRABALHO

A RIQUEZA DAS NAÇÕES **FOI PUBLICADO EM 9 DE MARÇO** de 1776. Já vinha sendo escrito havia uma década, e Smith — que, na época, já era o celebrado autor da muito aclamada obra *A teoria dos sentimentos morais* — tornou-se objeto de uma grande expectativa. Os principais pensadores da época sabiam que Smith estava trabalhando em uma *magnum opus*, e tinham ouvido pistas e sugestões do que poderia ser seu tema. Porém, ele estava trabalhando nela havia tanto tempo, que a expectativa tomara proporções preocupantes, visto que aqueles impressionados com *Teoria* começaram a se preocupar que o seu autor pudesse não igualar o sucesso do primeiro livro.

As reações à publicação de *Riqueza* foram rápidas e, dentre os grandes nomes do Iluminismo Escocês, muito elogiosas. Aqui segue a reação de David Hume:

> Bravo! Viva! Caro sr. Smith: fiquei muito satisfeito por seu desempenho, e a leitura me liberou de um estado de grande

ansiedade. Foi uma obra cercada de tantas expectativas – a sua própria, de seus amigos e do público –, que eu tremia por sua aparição; agora, todavia, estou mais tranquilo. A leitura necessariamente requer muita atenção, e o público está disposto a conceder tão pouca, que ainda duvido por algum tempo que se torne muito popular. Mas ela é profunda, sólida e precisa, e é ilustrada por muitos fatos curiosos que devem, por fim, chamar a atenção do público.

(SMITH, 1987, p. 150)

Seguimos com Hugh Blair (1718—1800), moderador da Assembleia Geral da Igreja da Escócia e professor de retórica na Universidade de Edimburgo. "O senhor encheu-me de total satisfação, minhas preces foram ouvidas. Creio que a nossa era lhe tem uma dívida, e espero que estejam cientes desse débito" (SMITH, 1987, p. 151). William Robertson (1721—93), eminente historiador e reitor da Universidade de Edimburgo: "O senhor apresentou, num sistema regular e consistente, uma das partes mais intrincadas e importantes da ciência política, e [...] creio que seu livro terá profundo impacto sobre diversas discussões importantes no campo de políticas públicas e finanças" (SMITH, 1987, p. 153). E Adam Ferguson (1723—1816), professor de filosofia moral na Universidade de Edimburgo e autor de *Ensaio sobre a história da sociedade civil*: "É certo que o senhor reinará absoluto nesses tópicos, formando opiniões e, espero, influenciando pelo menos as próximas gerações" (SMITH, 1987, p. 154). Algum tempo depois, Thomas Malthus (1766—1834), autor de *Um ensaio sobre o princípio de população*, chegou a ponto de afirmar que *Riqueza* "fez pela economia o que *Principia* de Newton fez pela física" (1986, p. 257).

Na metade do século XIX, *Riqueza* era citado regularmente no Parlamento Inglês — em debates sobre as *Corn Laws* [Lei dos

Cereais], por exemplo — e suas recomendações de livre mercado e livre comércio seguiram tendo grande influência no desenvolvimento político-econômico subsequente não apenas da Grã-Bretanha, mas também de grande parte do Ocidente e, até mesmo, em partes do mundo oriental. A influência de Smith na fundação dos Estados Unidos, em particular, ficou muito evidente. Entre seus leitores estavam Benjamim Franklin (1706—90), George Washington (1732—99), Thomas Paine (1737—1809) e Thomas Jefferson (1743—1826). Ao compilar um "curso de leitura", Jefferson, por exemplo, incluiu *Riqueza* junto com *Segundo tratado sobre o governo*, de John Locke, e *Ensaio de um quadro histórico do espírito humano*, de Condorcet, como livros essenciais (ROTHSCHILD, 2001, p. 4). O historiador inglês Henry Thomas Buckle (1821—62) escreveu que *Riqueza* "é provavelmente o livro mais importante já escrito", incluindo a Bíblia (SKOUSEN, 2001, p. 20). O que esse livro poderia ter logrado, a ponto de merecer tantos elogios e louvores?

***

As principais questões que Smith se propôs a explicar foram resumidas no título completo da obra. Ele queria saber, primeiro, em que consistia a riqueza verdadeira e genuína e, segundo, o que tinha permitido o enriquecimento de alguns países, mas não de outros. *A riqueza das nações* é um livro longo e abrangente, discutindo desde a origem dos preços até política comercial e dívida pública. Smith obteve estatísticas de coisas como a produção de grãos em diversos países da Europa por vários séculos — uma proeza importante numa era sem internet, computadores, telefones e eletricidade. Seu método era relativamente simples, e hoje pode nos parecer óbvio; em sua época, todavia, foi revolucionário. Ele buscava comparar a produção de vários bens (como trigo, por exemplo) ao longo do tempo e, monitorando-os de acordo com as políticas adotadas pelos respectivos países no mesmo período. Havia padrões a serem descobertos? Isto é, havia períodos de produção e prosperidade crescentes correlacionados com políticas específicas, bem como períodos de recessão correlacionados com outras políticas? Em caso afirmativo, talvez hipóteses pudessem ser formuladas: "Políticas como X, Y e Z levam à produção e à prosperidade crescentes, enquanto políticas como A, B e C levam à produção e à prosperidade decrescentes". O passo seguinte seria reunir mais dados empíricos e contrastá-los com essas hipóteses, testando-as; se mais dados viessem a confirmá-las, uma recomendação poderia ser feita: "Implemente políticas como X, Y e Z, e evite políticas como A, B e C".

Após avaliar a evidência em seu poder, Smith chegou à conclusão de que o fator primário que explicava por que alguns lugares estavam enriquecendo era a divisão do trabalho. Isso pode parecer uma conclusão decepcionante. E o que dizer dos recursos naturais, da infraestrutura, da educação e da tecnologia? Smith tinha considerado essas possibilidades; porém, descobriu que não explicavam os diferenciais de riqueza que ele havia observado. Considere os recursos naturais: havia lugares ricos em recursos naturais, como a China, mas que não eram ricos; e havia lugares relativamente pobres em recursos naturais, como a Holanda e a Inglaterra, que eram ricos. Fatores como infraestrutura, educação e tecnologia, segundo Smith, eram, na verdade, funções da riqueza, e não originadores dela. Em outras palavras, lugares que já estavam gerando riqueza poderiam pagar por melhor infraestrutura e educação formal, além de capitalizar sobre avanços tecnológicos; lugares que ainda não eram ricos tinham dificuldades para se desenvolver ou se aproveitar dessas coisas. Para seu enorme crédito, Smith não achava que distinções raciais tinham importância. Essa era uma explicação que poderia ter sido usada no século XVIII (e no século XIX também — Darwin, por exemplo, considerou seriamente as distinções "naturais" entre raças no seu *A descendência do homem*). Mas Smith acreditava que todos os seres humanos eram relativamente iguais em suas motivações e habilidades; logo, políticas que funcionavam em um país ou cultura poderiam — ou deveriam — funcionar também em outros.

Para Smith, o que a divisão do trabalho poderia alcançar? Antes de tratar diretamente dessa questão, precisamos entender o significado de "riqueza" para Smith. Aqui também Smith oferecia uma nova definição. No século XVIII, a teoria econômica dominante era o Mercantilismo, que defendia que a riqueza consistia em ouro e outros metais preciosos. Segundo o Mercantilismo, quanto mais ouro tinha um país, mais rico ele era; quanto menos ouro, mais pobre. Devido a essa teoria, os países frequentemente implementavam restrições comerciais. Se os cidadãos ingleses comprassem vinho da França, por exemplo, os ingleses obteriam vinho, enquanto os franceses, ouro. Todavia, se a riqueza consistia em ouro, isso significava que a Inglaterra estava ficando mais pobre em relação à França — que estava enriquecendo. Assim, a Inglaterra tenderia a impor restrições ao comércio exterior: ela preferia que seus cidadãos *vendessem* para outros países, mas não *comprassem* deles. Como os outros países pensariam da mesma forma, haveria uma disputa mútua para implementar todas as restrições comerciais possíveis, com o resultado de redução geral no comércio.

Em contraste, Smith argumentava que a riqueza não consistia em pedaços de metal; consistia, em vez disso, na habilidade relativa de satisfazer as necessidades e os desejos de um indivíduo. "Todo homem", escreveu Smith, "é rico ou pobre segundo o grau em que pode desfrutar as benesses, as conveniências e os prazeres da vida humana" (RN, p. 47). Como "a maior parte delas é atendida pelo produto do trabalho de outros", continuou Smith, "ele será rico ou pobre de acordo com a quantidade de serviço alheio que puder comprar" (RN, p. 47). Assim, Smith afirma que somos ricos ou pobres de acordo com a nossa capacidade de obter os meios para alcançar nossos fins, sejam eles quais forem; a riqueza verdadeira, portanto, é a satisfação relativamente ampla de nossos fins. O que o mercantilista esquece é que, quando os cidadãos britânicos compram vinho da França, eles renunciam ao ouro, *porém obtêm o vinho* — que é o que eles queriam. Assim, as suas circunstâncias melhoraram, segundo suas próprias percepções, estando eles, pela definição de riqueza de Smith, relativamente mais ricos. Entender a riqueza por esse prisma permitiu a Smith explicar por que as pessoas trocariam pedaços de metal por bens ou serviços: se elas não se beneficiassem nessa troca, por que o fariam? Como cada pessoa sempre deseja "melhorar a sua própria condição" (RN, p. 343), o argumento de *Riqueza* é que as políticas e instituições públicas que melhor permitissem tal processo deveriam ser adotadas. Nesse caso, isso significava reduzir as barreiras comerciais e encorajar o livre comércio, mesmo entre pessoas de países diferentes.

O que isso tem a ver com a divisão do trabalho? Smith afirma que dividir o trabalho necessário para completar uma tarefa permite uma produção muito maior. Considere o famoso exemplo da fábrica de alfinetes. Smith diz que um fabricante de alfinetes poderia, se dominasse totalmente o processo, produzir não mais de vinte alfinetes por dia. Uma fábrica com dez produtores de alfinetes poderia, então, produzir duzentos alfinetes por dia, se tentassem fazer um alfinete por vez, do início ao fim. No entanto, se as diversas tarefas envolvidas na fabricação de alfinetes fossem divididas, com pessoas diferentes especializadas em tarefas individuais — "Um homem torce o arame, outro o endireita, um terceiro o corta, um quarto o afia, um quinto o lima no topo para receber a cabeça" (RN, p. 15), e assim por diante — a produção geral de alfinetes aumentaria dramaticamente. Smith argumenta que a divisão do trabalho leva à especialização. Ela, por sua vez, leva ao aumento da quantidade produzida devido a três fatores: (i) "o aumento da agilidade de todo trabalhador individual"; (ii) "a economia do tempo normalmente perdido na transição de um tipo de trabalho para outro"; e (iii) "a invenção de um grande número de máquinas que facilitam e encurtam o trabalho, permitindo que um homem faça o trabalho de muitos" (RN, p. 17). Esses três fatores e, em particular, o último — a inovação — levam a um "grande aumento na quantidade" produzida. Na verdade, Smith argumenta que a mesma fabriqueta de dez pessoas poderia, se dividisse o trabalho e permitisse a especialização, fazer avanços de 48 mil alfinetes por dia, ou o equivalente a 4,8 mil alfinetes por pessoa. Esse é um aumento de 23.900% na produção!

Agora, é claro, os fabricantes de alfinetes não precisam de 4,8 mil alfinetes por dia para uso particular; então, o que podem fazer com o excedente? Vender. À medida que aumenta o número de alfinetes no mercado, o seu preço cai, o que significa que mais e mais pessoas poderão comprá-los. À medida que a divisão do trabalho é adotada em outras indústrias, o resultado será o mesmo: mais bens (e serviços) disponíveis no mercado, com preços cada vez menores. Isso significa que mais pessoas serão capazes de comprar mais meios para satisfazer seus fins, aumentando a riqueza geral da sociedade. E se as fabriquetas inglesas produzirem mais alfinetes do que os cidadãos ingleses necessitam, o excedente de alfinetes poderá ser vendido para pessoas de outros países, melhorando a situação de ambos. Aqui seguem os passos na história da riqueza de Smith:

Passo um: o trabalho é dividido.
Passo dois: a produção aumenta.
Passo três: o aumento da produção leva à queda de preços.
Passo quatro: a queda de preços leva ao crescimento do padrão de vida.

Aí está. Esse é o cerne do argumento de Smith, capturando os elementos essenciais de sua pesquisa de séculos de história humana por mais de uma dezena de países.

Aqui segue o resumo de seu argumento, que aparece logo no início do longo *Riqueza*:

> É a grande multiplicação das produções de todas as diferentes artes, em consequência da divisão do trabalho, que gera, em uma sociedade bem governada, a riqueza universal que se estende às camadas mais baixas da população. Todo trabalhador tem para vender uma grande quantidade de seu próprio trabalho, além da que ele próprio necessita; e estando todo outro trabalhador na mesma condição, ele é capaz de trocar uma grande quantidade de seus próprios bens por uma grande quantidade ou, o que o valha, pelo preço de uma grande quantidade dos deles. Ele os fornece de forma abundante com o que eles têm necessidade, e eles lhe fornecem o que ele tem necessidade, e uma abundância geral se difunde em todos os níveis da sociedade.
>
> (RN, p. 22)

Diversos elementos dessa passagem deveriam ser enfatizados. Primeiro, ela destaca a cooperação e a interdependência extensivas que surgem nos mercados: que todos nós somos dependentes uns dos outros para nos ofertar o que temos "necessidade". Para Smith, isso é motivo de celebração. Muito melhor ver os outros — incluindo pessoas de outros países que falam línguas distintas, praticam religiões diferentes, são de raças diferentes, e assim por diante — como oportunidades para benefício mútuo do que como inimigos a serem temidos. Segundo, Smith fala de "riqueza universal", "fartura geral" e do "trabalhador" comum. Tudo isso enfatiza a preocupação primária de Smith, a saber, os menos favorecidos. Ele está interessado em entender como o pobre pode sair de seu estado de miséria. Faraós, imperadores, reis e aristocratas há muito podem cuidar de si próprios, e continuarão a fazê-lo; Smith está preocupado, em vez disso, com o homem comum.

Terceiro e último, note o qualificador de Smith "numa sociedade bem governada". O que constitui uma sociedade bem governada? Trataremos disso em detalhe no Capítulo 10, mas podemos inferir dos argumentos de Smith até aqui que uma "sociedade bem governada" é aquela em que se permite o funcionamento da divisão do trabalho, e onde as pessoas são capazes de trocar ou vender seus excedentes. O que é necessário para isso? A resposta podemos retirar do argumento de Smith em *Teoria* como a essência de sua concepção de π"justiça", isto é, os 3Ps: a proteção da pessoa, da propriedade e da promessa. Quando todo mundo, mesmo os mais pobres entre nós, é protegido em sua pessoa, propriedade e nas promessas feitas tanto a ele como por ele, o indivíduo tem a segurança para aumentar sua produção, bem como a liberdade para trabalhar, vender, comprar, negociar e se associar da melhor forma possível para "melhorar a sua condição". Nesse caso, negócios serão lançados, haverá divisão do trabalho, e serão produzidos todos os ganhos do resto da história de riqueza de Smith.

Assim, a base do argumento de Smith é que um país que deseja aumentar a sua riqueza e permitir a prosperidade de seus cidadãos deve propor políticas que permitam a divisão do trabalho, o aumento da produção, a redução de preços, e o aumento consequente no padrão de vida. Seu argumento político-econômico mais amplo, então, procede com base em três argumentos interligados, que podemos chamar do *Argumento do economizador*, *o Argumento do conhecimento local* e *o Argumento da mão invisível*. Discutiremos os dois primeiros no próximo capítulo, e o terceiro no capítulo seguinte.

CAPÍTULO 7

A ECONOMIA POLÍTICA DE SMITH

NO CAPÍTULO ANTERIOR, VIMOS QUE SMITH ACREDITAVA que a divisão do trabalho era o segredo para aumentar a prosperidade. Ele argumentou que a especialização levaria ao aumento da produção, o que, por sua vez, levaria à redução de preços e, por fim, ao aumento do padrão de vida. Ele também concluiu que esse histórico de prosperidade poderia acontecer apenas em uma "sociedade bem governada", que, para ele, é aquela que, independentemente de seu modelo, tem uma "administração regular da justiça". No Capítulo 10, analisaremos especificamente o papel que Smith acredita que o governo deveria ter na sociedade. Mas é possível aprofundar um pouco a opinião de Smith sobre a origem da prosperidade? Para ele, quais são as causas da riqueza das nações?

O argumento político-econômico geral de Smith se baseia, principalmente, em três argumentos interligados, que chamo de *Argumento do economizador*, *Argumento do conhecimento local* e o *Argumento da mão invisível*. Analisemos cada um dos três.

O ARGUMENTO DO ECONOMIZADOR

Smith escreve: "Todo indivíduo se esforça continuamente para descobrir o uso mais vantajoso do seu capital" (RN, p. 454). Isso está conectado à discussão de Smith noutro lugar (e que se repete) do "esforço natural de todo indivíduo para melhorar sua própria condição" (RN, p. 540) e sua (novamente, repetida) afirmação de que "é do interesse de todo indivíduo viver da forma mais tranquila possível" (RN, p. 760). Podemos chamar tal ponto de "argumento da preguiça humana", apesar de ser mais claramente descrito como a afirmação de que todos os indivíduos naturalmente — isto é, sem serem obrigados — buscam os meios mais eficientes para alcançar seus objetivos, quaisquer que sejam. Quer aprender a tocar piano, correr uma maratona, aprender francês ou conseguir um emprego num escritório de advocacia? Não importa quais sejam os seus objetivos, o *argumento do economizador* defende que você avaliará os recursos limitados à sua disposição — incluindo seu tempo, capacidades e habilidades, bem como seu capital — e buscará formas de alcançar suas metas da forma mais segura, rápida e completa, ou com o menor custo a seus outros objetivos. Você busca o melhor retorno sobre o investimento de seus recursos; em outras palavras, você *economiza*. Daí, o nome *Argumento do economizador*.

O ARGUMENTO DO CONHECIMENTO LOCAL

Smith escreve: "É evidente que cada indivíduo, sabendo de sua situação local, está em melhor condição do que qualquer estadista ou legislador de julgar por si próprio em qual tipo de atividade nacional empregar seu capital para gerar produto com probabilidade de alcançar o valor máximo" (RN, p. 456). Da forma como Smith apresenta, esse argumento procede como um silogismo de três passos:

> **Premissa 1:** as condições individuais das pessoas, junto com seus valores, propósitos e oportunidades, são mais bem conhecidos pelos próprios indivíduos.
> **Premissa 2:** para serem feitas sabiamente, as decisões sobre a alocação de recursos devem explorar o conhecimento da situação, o valor, o propósito e a oportunidade.
> **Conclusão:** portanto, a pessoa mais bem posicionada para tomar essas decisões é [...] o indivíduo.

Smith não está afirmando que os indivíduos são infalíveis ou que nunca cometem erros; é óbvio que todos nós cometemos erros com frustrante frequência. Sim, existem casos especiais — por exemplo, crianças ou deficientes mentais — em que os indivíduos não estão, de fato, bem posicionados para tomar decisões sobre suas próprias vidas. Mas, para a vasta maioria dos adultos, Smith afirma que o conhecimento pessoal de sua própria situação excede o dos outros. Por isso, se tomar boas decisões requer a utilização desse conhecimento, então, na vasta maioria dos casos, as pessoas que deveriam tomar tais decisões são elas mesmas.

Smith continua: "O estadista que tentasse orientar indivíduos privados sobre como empregar seu capital não só tomaria para si uma preocupação desnecessária, mas assumiria uma autoridade que certamente não pode ser confiada nem a um indivíduo nem a um conselho ou assembleia, e que em lugar nenhum seria mais perigosa que nas mãos de um homem insensato e presunçoso o bastante para se imaginar capaz de exercê-la" (RN, p. 456). Smith não poupa palavras contra a prepotência de tais estadistas, mas analise com mais atenção as duas alegações feitas por ele na citação anterior: a atenção do estadista é "desnecessária", e resultaria de "insensatez". Ela é "desnecessária", pois, como Smith explicou em seu *argumento do economizador*, as pessoas já são naturalmente programadas para buscar o melhor resultado que podem frente aos seus recursos escassos, então, o estadista não precisa se preocupar com isso. É "insensato" porque, como Smith explica no *argumento do conhecimento local*, o estadista não possui o conhecimento local sobre as circunstâncias, valores, objetivos e recursos das pessoas, os quais ele necessitaria para tomar boas decisões no lugar delas. Por acaso o estadista sabe se deveríamos ir para a faculdade de Direito, trabalhar para a empresa X, comprar aquele carro, pedir um hambúrguer ou uma salada, ou se casar com aquela pessoa? É claro que não — e a presunção de poder tomar tais decisões por você é totalmente insensata.

UMA OBJEÇÃO

Uma crítica ao *Argumento do conhecimento local* vem, todavia, do trabalho recente de alguns economistas comportamentais. Richard Thaler e Cass Sunstein, por exemplo, em seu livro *Nudge: Como tomar melhores decisões sobre saúde, dinheiro e felicidade,* afirmam que um estudo empírico recente sobre o processo de decisão humana revelou que cometemos erros com frequência, mesmo erros que nós mesmos julgamos ser erros *a posteriori*.* Isso não é novidade, mas a alegação deles é que psicólogos e economistas revelaram padrões sistemáticos de erros que os seres humanos têm probabilidade de cometer. Esses incluem, por exemplo, nossa suscetibilidade a prazeres no presente à custa de outros objetivos maiores, porém mais remotos, de longo prazo. Talvez queiramos estar em forma, mesmo assim, quando alguém nos oferece um doce, comemos sem hesitar. Podemos querer ter uma aposentadoria segura e confortável e, mesmo assim, gastamos nosso dinheiro hoje em coisas cujo benefício veríamos como menos importantes que uma aposentadoria confortável. Se apenas tivéssemos adotado uma visão de longo prazo... Thaler e Sunstein argumentam que, talvez, um papel do governo seja ajudar a estruturar as escolhas que fazemos de modo a termos mais chances de fazer escolhas certas, em geral, mesmo que isso implique restringir marginalmente nossa liberdade de escolha. Eles admitem que, na época de Smith, quando não sabíamos muito de biologia, psicologia, saúde ou nutrição humanas, talvez um argumento em prol do livre mercado e de permitir que as pessoas

---

* Richard Thaler recebeu o Prêmio Nobel de Economia em 2017 pelo seu trabalho em economia comportamental.

tomassem decisões por um método de tentativa e erro poderia ser justificado. Hoje, todavia, quando sabemos tanto sobre a biologia e a psicologia humana, parece não haver razão para permitir às pessoas experimentar e tentar coisas. De fato, parece quase cruel permitir que façam, quando sabemos que elas cometerão erros.

Esse argumento mira no *argumento do conhecimento local* de Smith. Ele alegava que os próprios indivíduos são os que melhor conhecem suas circunstâncias, mas Thaler e Sunstein, e muito da economia comportamental atual, tendem a discordar. Como Smith responderia? Sem dúvida, ele reconheceria os grandes avanços feitos nas ciências humanas e admitiria que temos um conhecimento muito maior hoje do que qualquer pesquisador do século XVIII. Mas ele provavelmente argumentaria que muito do que sabemos, ou, pelo menos, acreditamos saber (lembre-se de que os especialistas rotineiramente mudam de opinião e invertem ou mudam suas recomendações), é geral e abstrato, desvinculado dos indivíduos. Por exemplo, podemos saber que a obesidade não está apenas crescendo em incidência nos Estados Unidos, mas que representa riscos e custos de saúde significativos à população, mas isso significa que eu não deveria comer aquele doce que me ofereceram? Isso significa que eu deveria me exercitar mais, ou de forma distinta do que faço hoje? Significa que eu deveria pular o almoço hoje e continuar a trabalhar neste livro? Questões como essas não podem ser respondidas por especialistas à distância, porque eles não possuem a informação relevante sobre minhas circunstâncias particulares — ainda assim, encaro essas decisões como todas as outras pessoas. Então, embora possamos saber que a obesidade é ruim em geral, isso infelizmente dá pouca orientação para qualquer indivíduo particular, ou para qualquer decisão particular a ser tomada por ele.

Então, a preocupação de Smith de atribuir autoridade sobre questões que envolvem nossas vidas a especialistas centralizados não ocorre por eles não serem, de fato, especialistas. Em vez disso, é por seu conhecimento especializado ser geral e abstrato, não individual e particular. Então, suas recomendações ou serão muito amplas para ter qualquer serventia para um indivíduo específico, ou, se tentarem tornar as recomendações mais específicas, acabarão, por fim, conduzindo indivíduos na direção errada, pois não conhecem seus objetivos, propósitos, valores, circunstâncias e preferências. Transformar julgamentos de especialistas em leis ou regulações gera o risco substancial de criar resultados negativos não intencionais para os indivíduos.

Mas Smith tem uma preocupação maior. Aqui, podemos anotar uma passagem marcante de *A teoria dos sentimentos morais*. Em uma discussão acerca do papel real de um estadista, Smith descreve um certo tipo de líder político, a quem chama de "homem do sistema", que "pode ser muito sábio em sua própria presunção; e está frequentemente tão apaixonado pela suposta beleza de seu plano ideal de governo, que não tolera o menor desvio de qualquer de suas partes" (TSM, pp. 233-34). Smith complementa que essa pessoa "parece imaginar que pode organizar os diferentes membros da sociedade com a mesma facilidade com que organiza as diferentes peças sobre um tabuleiro de xadrez. Ele não considera que essas peças tenham qualquer outro princípio de movimento além daquele que sua mão impõe sobre elas; mas que, no grande tabuleiro da sociedade humana, toda simples peça tem um princípio próprio de movimento, totalmente diferente daquele que a legislatura pode escolher para ela" (TSM, p. 234).

Seres humanos são atores e tomadores de decisão, e sua capacidade de tomar decisões livres significa que eles são obstinadamente — ou gloriosamente, dependendo da perspectiva de cada um — imprevisíveis. Ou seja, qualquer plano que um legislador, regulador ou outro líder político tenha para conduzir ou empurrar pessoas na direção que deseja está destinado a falhar. Com seus "princípios próprios de movimento", as pessoas sem dúvida se afastarão do "plano ideal" do "homem de sistema". Nesse caso, o homem de sistema encara um dilema: ou ele desiste de seu plano ideal, permitindo às pessoas organizarem as suas próprias vidas, assim retornando ao *smithiano* "sistema óbvio e simples de liberdade natural" (RN, p. 687); ou ele impõe seu plano ideal pela força, com todos os riscos e perigos que isso acarreta. A preferência de Smith é clara.

A MÃO INVISÍVEL

COMO VIMOS NO CAPÍTULO ANTERIOR, A ECONOMIA POLÍ-tica de Adam Smith é baseada em uma corrente de três argumentos. O primeiro chamamos de *argumento do economizador*, ou a alegação de que cada pessoa naturalmente busca o uso mais econômico de seus recursos para alcançar os seus objetivos, sejam quais forem, da forma mais eficiente possível. A alegação de Smith é que ninguém precisa nos mandar fazer isso, pois somos psicologicamente programados. O segundo é o *argumento do conhecimento local*, composto por alguns pontos: (i) a alegação de que as pessoas tendem a conhecer seus próprios objetivos e propósitos, seus recursos e oportunidades, melhor do que os outros; (ii) a alegação de que decisões sobre como utilizar esses recursos de forma inteligente devem ser baseadas nesse conhecimento dos objetivos, propósitos, oportunidades e recursos das pessoas e (iii) segue, então, que a pessoa normalmente mais bem posicionada para tomar tais decisões é o próprio indivíduo — pois ele é quem possui o conhecimento necessário. Em contraste, se outros tomassem decisões por ele, necessariamente teriam que baseá-las em menor familiaridade com as circunstâncias relevantes — e quanto mais distantes do tomador de decisão (quanto menos se sabe da situação individual), piores serão suas decisões. Assim, o padrão para Smith é permitir que os indivíduos tomem as suas próprias decisões sobre como alocar seus recursos para servir seus fins, sendo permitida a intervenção de terceiros apenas em situações especiais e excepcionais, como no caso de crianças e de deficientes mentais.

Trataremos agora do terceiro argumento, baseado na passagem mais famosa de *A riqueza das nações*, e talvez de toda a história da economia. Smith escreve: "É seu próprio benefício, de fato, e não o da sociedade, que [cada pessoa] tem em mente, mas o estudo de sua própria vantagem leva, natural ou necessariamente, a preferir o emprego mais vantajoso para a sociedade" (RN, p. 454). O autor prossegue afirmando que cada indivíduo "de modo geral, na verdade, não pretende promover o interesse público, e nem sabe o quanto o está promovendo"; "ao orientar sua atividade de tal modo que sua produção tenha mais valor, ele visa apenas ao seu próprio ganho e, neste caso, como em muitos outros, é conduzido por uma mão invisível a promover um objetivo que não fazia parte de suas intenções" (RN, p. 456). Qual é o "objetivo" que o indivíduo promove que "não fazia parte de suas intenções"? O "interesse público". É claro que os indivíduos têm fins (ou propósitos), mas eles são pessoais e locais. Nessa famosa passagem, Smith alega que, ao buscar realizar seus objetivos pessoais e locais, eles são levados também a descobrir formas de servir os objetivos dos outros — importando-se ou não com eles. O *argumento da mão invisível* encontra, então, uma forma de alcançar o nobre objetivo de ajudar os outros partindo da humilde motivação do autointeresse.

Como essa façanha extraordinária é realizada? Lembre-se da alegação de Smith de que o objetivo de aumentar o padrão de vida resulta da divisão do trabalho — mas apenas dentro de uma "sociedade bem governada". Como vimos, para Smith, uma "sociedade bem governada" é aquela que protege os "3Ps" da justiça: pessoa, propriedade e promessa. Em outras palavras, ele assegura que a única forma de eu obter o que quero de você é apelando aos *seus* interesses. Se sua pessoa, propriedade e promessa estão protegidos, eu não posso escravizá-lo, roubá-lo ou enganá-lo. Assim, o único recurso que tenho para obter quaisquer bens e serviços que você é capaz de oferecer é fazendo-lhe uma oferta. E como seus Ps estão protegidos, você pode, se quiser, sempre dizer "não, obrigado" a qualquer oferta que eu faça. Isso significa que tenho de me perguntar: o que posso oferecer que *você* consideraria valioso o bastante para cooperar comigo? Dado que cada um de nós "a todo momento necessita da ajuda e da cooperação de grandes multidões" (RN, p. 26), isso significa que cada um de nós deve, numa sociedade bem governada, pensar constantemente no valor que podemos oferecer aos outros — o que só podemos descobrir se pensarmos neles e não apenas em nós mesmos. Segundo Smith, nessa sociedade nos tornamos "mutuamente servos uns dos outros" (RN, p. 378). A genialidade do mecanismo de mercado de Smith era que ele poderia coordenar os esforços individuais distintos de um número indefinido de pessoas, conseguindo derivar deles um benefício geral para o bem da sociedade.

Resumindo o argumento de Smith: como eu busco alcançar meus objetivos da forma mais eficiente possível (como defende o *argumento do economizador*), sou incentivado a tomar boas decisões sobre como alcançar meus objetivos utilizando os meus recursos (como defende o *argumento do conhecimento local*) e, por isso, enquanto vivermos numa sociedade bem governada que me proíbe de agir com injustiça, serei levado a cooperar com você de formas que também serão benéficas para você (como defende *o argumento da mão invisível*).

Na abordagem de Smith, nenhum de nós pode se beneficiar à custa do outro, mas apenas ao beneficiar os outros. O resultado dessas transações mutuamente benéficas e voluntárias é o aumento geral da riqueza, levando a um crescimento geral da prosperidade. Quanto mais pessoas tiverem seus "Ps" protegidos, mais pessoas irão se engajar por sua própria conta em mais transações mutuamente benéficas, ou "de soma positiva" — levando a mais riqueza que gera mais transações, e assim por diante — criando um ciclo virtuoso de prosperidade crescente para todos. Isso é o que Smith quis dizer com "riqueza universal" e "fartura geral" (RN, p. 22).

Considere um importante aspecto adicional desse argumento. Quem serão os principais beneficiários desse aumento geral de prosperidade? Não o imperador, rei, lorde ou barão — eles já conseguiram o seu, em grande parte, extraindo-o de transações "de soma zero" ou "de soma negativa" que os beneficiaram à custa dos, e contra a vontade dos, outros. Não, o beneficiário principal desse processo é o trabalhador comum, que se vê gradualmente capaz de suprir suas necessidades e luxos. É o seu padrão de vida que tende a ter os maiores ganhos, e essa posição humilde — que tem sido a situação de grande parte da humanidade ao longo de sua história — é que deveria ser a nossa principal preocupação. Smith acredita ter descoberto o segredo para desbloquear, talvez, uma prosperidade ilimitada. Seus efeitos salutares sobre as vidas de pessoas comuns é o dever moral que motivava a economia política de Smith.

Sua previsão ousada — e até mesmo audaciosa — em *Riqueza* foi a de que os países que adotassem suas recomendações veriam todos os seus cidadãos, principalmente os pobres, alcançar picos de riqueza e prosperidade com os quais nem os próprios reis da época poderiam sonhar. Ele chegou até a sugerir, em 1776, que os Estados Unidos — que, na época, muitos pensadores iluminados na Europa consideravam um país "bárbaro" — poderiam algum dia superar em riqueza até mesmo o poderoso Império Britânico — uma alegação absurda e risível! E, ainda assim, o que os anos subsequentes demonstraram?

QUAL É A IMPORTÂNCIA DA "MÃO INVISÍVEL"?

No entanto, a expressão "mão invisível" aparece apenas uma vez em todo *A riqueza das nações*. Aparece apenas outras duas vezes nas obras vigentes de Smith: uma vez em *Teoria* (pp. 184-5) e outra num ensaio que ele escreveu sobre a história da astronomia (SMITH, 1982a, p. 49). Se aparece tão pouco, é válido questionar por que tanta atenção foi dada a essa expressão posteriormente. Será que é realmente central para o pensamento de Smith?

A resposta é sim, ela é absolutamente central para o pensamento de Smith. Embora a expressão "mão invisível" apareça apenas algumas vezes, o *argumento da mão invisível* aparece ao longo de sua obra. Aqui é uma ocorrência da frase em *Teoria*: os ricos "são conduzidos por uma mão invisível a fazer praticamente a mesma distribuição do necessário à vida que teria sido feita caso a terra tivesse sido dividida em porções iguais entre todos os seus habitantes e, assim, sem pretender e sem saber, avançam os interesses de toda a sociedade, e proveem os meios para a multiplicação da espécie (TSM, pp. 184-5). Mas a ideia, se não a própria expressão, ocorre ao longo de TSM. Por exemplo, "mas ao agirmos segundo os ditames de nossas faculdades morais, necessariamente perseguimos os meios mais efetivos para promover a felicidade dos homens" (TSM, p. 166). "Apenas as qualidades agradáveis ou vantajosas da mente", ele escreve, "para a própria pessoa ou para as outras, são aprovadas como virtuosas, e as contrárias, desaprovadas como viciosas" (TSM, p. 188). Smith continua: "E a natureza, de fato, parece ter se adaptado tão felizmente aos nossos sentimentos de aprovação e desaprovação, à conveniência tanto do indivíduo como da sociedade que, depois de análise estrita, creio que se concluirá que esse é universalmente o caso" (*ibid.*).

Além da única ocorrência da expressão em *Riqueza* citada anteriormente, a ideia é igualmente encontrada ao longo da obra. Aqui seguem alguns exemplos: "As casas, a mobília e as vestimentas dos ricos, em pouco tempo, tornam-se úteis para as classes inferiores e médias da população. Elas são capazes de comprá-los quando seus superiores se cansam delas, e a condição geral do povo melhora gradualmente" (RN, p. 347). Outro exemplo: "É a sua própria vantagem, de fato, e não a da sociedade, que ele tem em mente, mas a aplicação de sua própria vantagem o leva, natural ou necessariamente, a preferir o emprego mais vantajoso para a sociedade" (RN, p. 454). Outra ainda: "É por isso que os interesses e paixões privados dos indivíduos naturalmente tendem a direcionar seus esforços aos empregos que, em casos normais, são os mais vantajosos para a sociedade" (RN, p. 630). Muitos outros exemplos poderiam ser citados.

Smith também encontra um *argumento da mão invisível*, mesmo não usando essa frase exata, em seu curto ensaio sobre as origens da linguagem, onde argumenta que os idiomas mudam com o tempo em resposta às mudanças individuais de circunstâncias de seus usuários, e que essas mudanças criam uma linguagem, como um sistema de ordem espontânea, que permite aos outros usarem-na também para seus propósitos.* Smith também propõe um argumento similar na descrição da natureza e do desenvolvimento, ao longo do tempo, dos sistemas legais, incluindo em especial o sistema romano e a *common law* inglesa.**

Em todos esses casos, vemos os mesmos elementos centrais do *argumento da mão invisível*. Primeiro, temos indivíduos tomando decisões em seus próprios casos com base em seu conhecimento local sobre como agir e se comportar de modo a alcançar seus objetivos, sejam quais forem. Dado que as pessoas precisam da cooperação voluntária dos outros para alcançar quase todos os seus objetivos, isso necessariamente leva-as a buscar formas de prover aos outros incentivos para que cooperem com elas — o que, normalmente, significa oferecer algo que os outros valorizem. Assim, a busca pela satisfação de seus próprios objetivos inevitavelmente leva as pessoas a beneficiar os outros, mesmo se isso não fosse, como Smith colocava, parte de sua intenção original. Elas podem parecer beneficiar apenas a si próprios ou àqueles com quem se preocupam, mas são levados por uma "mão invisível" a se engajar em atividades que, simultaneamente,

---

* O ensaio "Languages" de Smith está inserido em Smith (1985). Para maiores discussões, veja Otteson (2002).
** Veja a obra *Lectures on Jurisprudence* de Smith (1982b). Note, todavia, que essas são notas dos alunos presentes nas palestras de Smith, e não as do próprio Smith. As anotações dele sobre suas próprias palestras foram perdidas.

também beneficiam os outros — mesmo quando os outros não sabem, nunca as encontrarão ou podem até mesmo discordar delas. Esse é o brilhantismo e o poder do *argumento da mão invisível*: ele oferece um caminho para canalizar o conhecimento limitado e as preocupações de interesse próprio do indivíduo em benefício dos outros, mesmo que de forma involuntária.

INTERESSE PRÓPRIO, IGUALDADE E RESPEITO

NOS ÚLTIMOS DOIS CAPÍTULOS VIMOS QUE, SEGUNDO Adam Smith, em uma sociedade "bem governada" (para ele, aquela que protege seus "sagrados" "3Ps" de pessoa, propriedade e promessa), cada um de nós busca naturalmente alcançar nossos próprios fins ao nos tornarmos "mutuamente os servos uns dos outros" e, por consequência, beneficiarmos os outros mesmo quando buscamos apenas o nosso próprio benefício. Segundo Smith, a tarefa do economista político é realizar investigações empíricas e históricas para descobrir quais políticas e instituições permitiriam a "riqueza universal" e a "fartura geral". As investigações de Smith o levaram a argumentar que os mercados mais propícios a esse fim são aqueles onde a divisão do trabalho é permitida, o comércio é livre, os tributos e regulações são leves e há concorrência por recursos escassos. Ele argumenta que, em economias de mercado baseadas na propriedade privada, cada pessoa trabalha para melhorar a sua própria condição, aumentando a oferta e reduzindo o preço do bem que estiver produzindo; isso significa que os outros estariam em melhor condição para adquirir os bens produzidos por ela. Assim, na famosa frase de Smith, cada pessoa, servindo seus próprios fins, é levada, simultaneamente, "por uma mão invisível", a servir os fins dos outros, tanto ao ofertar maior diversidade de bens como, por consequência, reduzir seus preços. Smith acreditava que o mercado poderia potencializar a capacidade produtiva das pessoas a serviço de seus próprios fins, fazendo-as servir o bem-estar de todos, mesmo se isso não fizesse parte das próprias motivações do indivíduo.

Essa é uma história otimista e até inspiradora, e a história dos países que adotaram mais fielmente as prescrições de Smith parece ter validado as suas previsões. Por exemplo, considere os Estados Unidos que, pelo menos até recentemente, foi o país que mais se aproximou da economia política de Smith. Em 1800, a população total dos Estados Unidos era de 5,3 milhões de almas. Naquela época, a expectativa de vida ao nascer era aterrorizante, 39 anos. E o PIB *per capita*, atualizado para dólares de 2010, era de US$ 1.343 ou US$ 3,68/pessoa. E hoje? Segundo os dados mais recentes, a população total nos Estados Unidos é de 324 milhões; a expectativa de vida ao nascer aumentou para 80 anos; e o PIB per capita (em dólares atuais) está em US$ 57.300, ou US$ 156,98 *per capita*. Isso significa que, desde a época da fundação dos Estados Unidos, enquanto a população aumentou *61 vezes*, a expectativa de vida, não obstante, *dobrou*, e o PIB real per capita aumentou *43 vezes*. De fato, uma história notável — e sem precedentes.*

---

* McCloskey (2016) argumenta que, desde 1800, a prosperidade média geral de uma pessoa, quando computado o valor crescente da infraestrutura e dos bens públicos, aumentou na verdade incríveis 100 vezes.

Mas será essa a história toda, por mais impressionante que seja? Valores morais foram sacrificados para se alcançar o nobre objetivo da prosperidade? De fato, talvez sejamos muito mais ricos hoje do que já fomos, mas o dinheiro não é a única coisa que importa na vida. E o que dizer da igualdade, da dignidade humana e do respeito mútuo? Seria o conto *smithiano* de riqueza fabulosa baseado em um conceito estreito e até condenável de interesse próprio? O que Smith tem a dizer sobre os valores morais de equidade, respeito e altruísmo? Tratemos disso por partes.

EQUIDADE

Em uma sociedade *smithiana*, as pessoas enriquecem? Sim. As pessoas enriquecem de forma igual? Não. Embora todos enriqueçam, alguns enriquecem mais rápido, e em maior medida do que outros. Isso não é moralmente problemático? O próprio Smith parece ciente dessa questão, mesmo no século XVIII. Ele escreve, por exemplo: "Nenhuma sociedade pode florescer e ser feliz caso a maioria de seus membros seja pobre e miserável. Trata-se de equidade, além disso, que aqueles que alimentam, vestem e dão moradia a grande parte da população detenham parte no produto de seu próprio trabalho para ter mais do que o básico de alimentação, roupa e moradia" (RN, p. 96). Em outra passagem, lê-se: "Por necessidades, entendo não apenas os bens indispensáveis para o sustento da vida, mas qualquer coisa que o costume do país considere indecente que cidadãos justos, mesmo os da classe mais baixa, não tenham. [...] Por necessidades, portanto, entendo não apenas as coisas da natureza, mas as que as regras estabelecidas de decência tornaram necessárias para as pessoas da camada mais baixa da população" (RN: pp. 869-70). Juntas, essas passagens não apenas reiteram a preocupação constante de Smith com a "camada mais baixa da população", mas também expressam seu dever moral de que, à medida que a prosperidade geral da sociedade aumenta, o padrão de vida dos mais pobres entre nós também deva crescer.

Como, então, pode Smith defender um sistema de economia política que, embora nos torne mais ricos, implica que alguns de nós serão muito mais ricos do que outros? Antes de discutirmos a resposta dele a essa questão, devemos relembrar uma afirmação de Smith a que fiz referência no Capítulo 6 como "para seu enorme crédito": a saber, sua rejeição às alegações de superioridade racial ou natural de alguns homens sobre os outros, e seu apoio à alegação de que todos os seres humanos eram basicamente iguais em motivação, racionalidade e habilidade. No início de *Riqueza*, Smith escreve: "A diferença dos talentos naturais em homens diferentes é, na realidade, muito menor do que pensamos; e a diferença de habilidades que distingue homens de profissões diferentes, quando chegam à maturidade, em muitos casos não é tanto a causa, mas o efeito da divisão do trabalho" (RN, p. 28). Smith continua: "A diferença entre as personalidades mais distintas, entre um filósofo e um porteiro, por exemplo, parece não provir tanto da natureza, mas antes do hábito, do costume e da educação" (RN, pp. 28-9). O próprio Smith era um filósofo; então, ele também se inclui nessa comparação. Assim, segundo Smith, temos habilidades diferentes, mas que não são, por natureza, substancialmente diferentes. Pare um momento para considerar como a radicalidade dessa alegação teria sido tomada no século XVIII, quando todo mundo "sabia" que havia grandes diferenças naturais — e, portanto, permanentes — em diferentes personalidades humanas.

O que Smith quer dizer com "diferentes habilidades" é que cada um de nós tem inclinações, habilidades e capacidades diferentes que desenvolve como resultado de escolhas diferentes que fazemos enquanto amadurecemos. Encaramos circunstâncias diferentes e temos objetivos e valores diferentes, logo, fazemos escolhas diferentes; isso significa que desenvolvemos combinações diferentes de capacidades e habilidades. Mas Smith é taxativo ao afirmar que essas habilidades diferentes são, principalmente, resultado de "hábitos, costume e educação" distintos de cada um e, mais importante, não implicam o direito a um *status* moral diferente. Nós somos — cada um de nós — agentes morais completos, igualmente merecedores da proteção de nossa pessoa, propriedade e promessas, portanto, com direito a exatamente o mesmo escopo de liberdade e responsabilidade, de direitos e privilégios, como qualquer outra pessoa. Aqui, Smith ressalta a profunda igualdade *moral* entre todos os seres humanos.

Mas essas habilidades diferentes levam aos níveis distintos de riqueza que todos desfrutamos? Sim. Enquanto vivermos num país cujo nível de prosperidade esteja crescendo para todos, a preocupação de Smith estará focada mais na desigualdade moral do que na desigualdade material. E na sociedade livre que ele projeta, Smith afirma que "as habilidades mais diferentes são úteis umas para as outras; os diferentes produtos de seus respectivos talentos, pela disposição geral de transporte, escambo e troca, são como que somados a um estoque comum, onde todo homem pode comprar qualquer parte do produto dos talentos de outro de acordo com suas necessidades" (RN, p. 30). Qual é o meio pelo qual "transportamos e trocamos"? É o mercado — quanto mais livre ele for, melhor. Quanto mais pessoas puderem entrar no mercado, mais cada uma delas se beneficiará dos bens e serviços produzidos pelos talentos dos outros, e, conforme o *argumento da mão invisível*, mais o resto de nós também se beneficiará. Dessa forma, cresce o "estoque comum" da prosperidade geral, e a situação geral melhora.

INTERESSE PRÓPRIO E RESPEITO

Como vimos no capítulo anterior, a passagem mais famosa de *A riqueza das nações*, e, de fato, talvez de toda a economia, é a da "mão invisível". Mas a *segunda* passagem mais famosa é esta, que já aparece no segundo capítulo da mesma obra: "Não é da benevolência do açougueiro, do cervejeiro ou do padeiro que esperamos nosso jantar, mas da consideração que eles têm pelo seu próprio interesse. Dirigimo-nos não à sua humanidade, mas a seu amor-próprio, e nunca lhes falamos das nossas próprias necessidades, mas das vantagens que advirão para eles" (RN, p. 27). Note as frases "seu próprio interesse", "amor-próprio" e "suas vantagens". O que você ouve ao ler essa passagem? Você ouve egoísmo? É o que Karl Marx (1818—83), autor do *Manifesto comunista*, pensou quando leu Smith — e ele, de fato, leu Smith. Aqui, Marx pensou, com menos de vinte páginas de leitura de *A riqueza das nações*, estava a prova: Adam Smith, o pai da Economia, admitia — e até mesmo celebrava — o fato de que a economia política *smithiana* era baseada no egoísmo. Marx prosseguiria a argumentar que esse sistema de economia política, que chamou de "capitalismo", era construído sob a recomendação de que as pessoas deveriam ser egoístas, considerando os outros como meros meios para seus próprios fins, como meras ferramentas a serem manipuladas, em vez de agentes morais com dignidade e merecedores de respeito. Quaisquer que fossem suas virtudes materiais, o capitalismo, segundo Marx, era fundamentado numa base imoral; portanto, seus ganhos eram ilícitos.

Estava Smith afirmando que deveríamos ser egoístas em nossas relações com os outros? Certamente não em nossas relações morais: lembre-se de que, em *A teoria dos sentimentos morais*, Smith argumentou que todos nós desejamos simpatia mútua, o que nos leva a relações mutuamente benéficas com os outros. Mas e em nossas relações *econômicas*? Smith está nos dizendo que deveríamos ser egoístas no mercado — excluindo nossa moralidade do processo?

Smith não acreditava nisso. O que ele via nessas relações com o açougueiro, o cervejeiro e o padeiro não era um egoísmo estreito — muito menos odioso —, mas algo bem diferente: *respeito*. Permita-me explicar. Pouco antes da passagem do açougueiro-cervejeiro-padeiro, Smith diz que os seres humanos, ao contrário de outros animais, devem confiar nos outros para adquirir o que desejam. "Ninguém jamais viu um cachorro fazer uma troca justa e deliberada de um osso por outro com um segundo cachorro" (RN, p. 26), pois eles não precisam: cachorros, como a maioria dos animais, podem obter o que precisam por seu próprio esforço. "O homem, por sua vez, tem necessidade quase constante da ajuda de seus semelhantes" (RN, p. 26), tanto porque nossas necessidades e nossos desejos são mais complexos do que o dos outros animais, como porque os seres humanos não têm as ferramentas — pelagem, garras, asas etc.

— com que a natureza dotou os outros animais para a satisfação de suas necessidades. O que os seres humanos têm para compensar suas fraquezas físicas relativas? Eles têm as "faculdades de raciocinar e falar" (RN, p. 25), permitindo-lhes descobrir e construir planos para cooperar uns com os outros de formas que melhorem as condições de todas as partes. É por isso que "o homem tem necessidade quase constante da ajuda de seus semelhantes". Mas, Smith complementa: "e é inútil esperar isso apenas da benevolência alheia. É mais provável que ele obtenha o que quer se conseguir conquistar o amor-próprio dos outros, mostrando-lhes que é vantajoso dar-lhe aquilo que lhe é necessário" (RN, p. 26). Como isso é possível? De longe, a melhor forma é oferecer-se a fazer algo *valorizado pela outra pessoa*: "Dê-me o que eu quero, e você terá isto que quer, e esse é o significado de qualquer oferta desse tipo" (RN, p. 26). Devido às nossas habilidades particulares, os seres humanos precisam da ajuda dos outros; e é por meio de ofertas mutuamente vantajosas "que obtemos uns dos outros a grande maioria dos serviços de que necessitamos" (RN, p. 26).

Agora, a alegação feita por Smith nesse argumento é que realmente somos guiados pelo interesse próprio. Mesmo limitados pelas restrições gêmeas de (i) desejo por simpatia mútua e (ii) vida em uma "sociedade bem governada", somos levados — tanto por nossos próprios desejos como por nossas instituições públicas — a ver uns aos outros como parceiros igualmente morais, a fazer ofertas que cada um é livre para recusar. Cada um de nós tem uma "opção de saída", protegida pelo compromisso de nossa sociedade com a justiça *smithiana*, e isso nos inibe de qualquer inclinação que poderíamos ter de roubar ou defraudar os outros. E, como cada um de nós deseja simpatia mútua, desejamos nos comportar de formas que os outros aprovem.

Então, quando compramos a carne do açougueiro, a cerveja do cervejeiro, e o pão do padeiro, fazemos-lhes ofertas que reconhecem que eles são nossos iguais, com interesses e obrigações próprias, e que nossos interesses e obrigações não se impõem sobre as deles. Nosso desejo por carne, cerveja e pão — que, afinal, eles tiveram de produzir com seu próprio trabalho, tempo e recursos — não se sobrepõe ao seu direito de decidir o que fazer por conta própria. Nessas circunstâncias, então, como poderemos obter carne, cerveja ou pão deles? Teremos de tratá-los da forma que eles queiram ser tratados, oferecendo-lhes algo que possam querer; por sua vez, eles *terão* de fazer o mesmo por nós. Do contrário, buscaremos outro parceiro de troca. Em outras palavras, teremos de tratá-los com respeito, não presumindo que um de nós é mais importante, digno ou merecedor do que o outro. Como faremos isso? Ao esperar nosso almoço "não da benevolência do açougueiro, do cervejeiro ou do padeiro", mas, sim, ao levar em conta a sua correta e justa "consideração ao próprio interesse deles".

Para Smith, então, o ato de fazer uma oferta a alguém é um reconhecimento do valor intrínseco do outro; ela reflete a dignidade igual de cada indivíduo, e é um exemplo brilhante das relações morais adequadas entre as pessoas. A transação mutuamente voluntária e benéfica, o pilar da economia de mercado de Smith, não é apenas a chave para o aumento da prosperidade geral, mas também a representação de relações humanas verdadeiramente morais.

Como Smith responderia, então, à crítica de Marx? Primeiro, ele diria que a igualdade que importa não é a igualdade material, mas a *igualdade de ação moral*. Uma sociedade em que cada pessoa tem a liberdade de construir, por si própria, uma vida de significado e propósito, e determinar como seria essa vida; em que cada pessoa tem responsabilidade por sua própria vida, consequência de sua ação moral livre; e na qual cada pessoa tem liberdade e responsabilidade em medida igual com qualquer outra pessoa; essa é a sociedade de igualdade que, moralmente, vale defender. E Smith viraria o jogo contra Marx: não é uma sociedade de liberdade individual, responsabilidade e respeito mútuo que desumaniza as pessoas, mas aquela em que alguns podem roubar dos outros, em que alguns tomam decisões pelos outros, e na qual, portanto, alguns têm poder sobre os outros, violando sua dignidade inerente e uma concepção apropriada de igualdade moral. Esse tipo de sociedade não merece ser defendido, não importa quão grandiosamente possa ser descrito.

MENTIRA E DIGNIDADE

Finalizamos este capítulo tratando de duas outras objeções marxistas. A primeira é a alegação de Marx de que as negociações no mercado são, em essência, exercícios extensivos de mentira (MARX, 1844). Considere a compra de um carro. Você diz ao vendedor: "Eu não pagarei mais de US$ 20 mil pelo carro". (Essa é uma mentira.) O vendedor responde: "Eu não aceito menos de US$ 30 mil por ele". (Isso também é uma mentira.) Conforme avança a negociação, a cada estágio um mente para o outro. Mesmo se vocês eventualmente concordarem em um preço de forma voluntária e mutuamente benéfica, ela ainda é baseada na mentira e mediada por ela. E isso é uma forma moralmente condenável de negociação entre as pessoas. Mentir é moralmente errado, e qualquer sistema de economia política que não apenas a permita, mas aparentemente a sancione, também é moralmente errado.

Uma segunda objeção relacionada levantada por Marx é que os participantes do mercado passam a ver uns aos outros não como agentes morais completos, com dignidade inerente; mas, em vez disso, como meras ferramentas a serem manipuladas para obtermos nossos fins. Eu quero aquele carro, logo, falo as palavras necessárias para que você acabe vendendo-o para mim. Ainda mais insidiosamente, quando trabalho e recebo um salário, Marx diz que não estou, na verdade, provendo um serviço para minha empresa ou produzindo um bem em nome de minha empresa; o que estou produzindo, em vez disso, são os meios para que eu o manipule para me dar o que quero. Na verdade, eu não me importo com minha empresa ou com você: só me importo com o que ela ou você podem me dar. E o mesmo é verdade a seu respeito. Então, a vida sob o capitalismo se torna um sistema ambíguo onde todo mundo tenta manipular todo mundo, um jogo de estratégia com vários participantes, em que cada um tenta enganar ou manipular os outros de modo a alcançar seus próprios objetivos, não importando o que isso signifique ou faça para os outros.

Essas são críticas duras. Como Smith poderia responder? Primeiro, ele lembraria a Marx de sua crença de que uma característica central e permanente da psicologia humana é o desejo de simpatia mútua de sentimentos, desejo esse que nos torna genuinamente interessados nos outros. A primeira frase de *A teoria dos sentimentos morais* é: "Por mais egoísta que se considere o homem, existem evidentemente alguns princípios em sua natureza que o fazem interessar-se pelo progresso dos outros, tornando a felicidade deles necessária para ele, embora nada extraia disso exceto o prazer de vê-la" (TSM, p. 9). Posteriormente, Smith enfatiza esse ponto: "A simpatia, todavia, não pode, de nenhuma forma, ser considerada um princípio egoísta" (TSM, p. 317). Então, a primeira resposta de Smith a Marx seria negar a afirmação de que os seres humanos são essencialmente, ou, apenas, egoístas, alegando que, em vez disso, é fato empírico que nos preocupamos com a "sorte dos outros".

A segunda resposta de Smith seria relembrar Marx de que as ofertas que fazemos às outras pessoas para comprar, vender, cooperar ou nos associar a elas vêm com o reconhecimento do direito de elas dizerem "não, obrigado", e ir embora. Quando reconhecemos esse direito, mostramos respeito pelos outros, e os tratamos como parceiros que têm a mesma livre ação moral que nós. Não presumimos saber o que é melhor para os outros, e não presumimos estar em melhor posição para saber o que os outros deveriam fazer do que eles próprios. Smith provavelmente relembraria Marx de qual seria a alternativa a encorajar as pessoas a perseguirem seus fins ao fazer ofertas que os outros são livres para declinar: ou proibir a oferta, ou proibir as pessoas de exercer a sua opção de saída. Mas ambas constituiriam uma restrição à liberdade das pessoas e, portanto, à sua ação moral. Isso seria preferível?

Por fim, Smith poderia argumentar que a negociação — de fato, a parte central de uma economia de mercado — pode ser tanto um processo genuíno de descoberta quanto um exercício em mentira. Talvez as pessoas não saibam como algo é valioso para elas — e negociar com os outros possa ajudá-las a esclarecer qual é sua hierarquia de valor, *tradeoffs* favoritos e custos de oportunidade. Quanto você estaria disposto a gastar numa casa nova, por exemplo? Por quanto você estaria disposto a vendê-la?

Quanto, de fato, vale a sua casa? Talvez as pessoas sejam frequentemente inseguras sobre tais coisas, entrando em negociação com os outros para ajudá-las a descobrir. Isso não é mentir; é, em vez disso, uma exploração mútua de novas formas potenciais para gerar benefício mútuo.

Mercados e livre concorrência são os melhores provedores de benefício social em comparação à regulação de curto prazo por legisladores politicamente motivados — que são, afinal, frequentemente bem-remunerados pelos próprios mercadores e empresas de quem dizem proteger o público.

O PAPEL DO GOVERNO

PODE SURPREENDER O FATO DE ADAM SMITH NÃO DEFENDER ou depender de uma teoria de lei natural ou de direitos naturais. Ele tinha lido John Locke (1632—1704), é claro, e as anotações remanescentes dos alunos que assistiram a suas palestras sobre jurisprudência, ministradas na Universidade de Glasgow — as anotações de Smith desapareceram —, registram que ele discutiu extensamente a teoria da lei natural e dos direitos naturais de Locke. Mas quando se tratava da opinião e justificativa de Smith para o papel adequado do governo na vida humana, a lei natural e os direitos naturais não tinham qualquer função. Da mesma forma, Smith não nos forneceu nenhuma teoria explícita da propriedade e, muito menos, da propriedade privada. Então, ao contrário de Locke — e dos fundadores dos Estados Unidos, muitos dos quais leram Smith —, ele não argumenta que o papel do governo é proteger nossos direitos naturais à "vida, liberdade e propriedade" (Locke) ou proteger nossos "direitos inalienáveis" à "vida, liberdade e busca da felicidade" (Jefferson, na *Declaração da Independência*).

Sobre que base, então, Smith justificava suas recomendações acerca das funções adequadas do governo? Seu argumento é, em grande parte, empírico. Ele examinou a história humana, bem como muitos experimentos feitos por pessoas diferentes, em épocas distintas, com sistemas diferentes de economia política. Ele concluiu que a maioria desses experimentos tinha fracassado em conduzir à felicidade e à prosperidade geral. Em certas ocasiões, todavia, algumas pessoas esbarravam em ideias e instituições que de fato geravam benefícios e, mais recentemente (em sua época), alguns poucos lugares pareciam estar gerando consideravelmente mais riqueza e prosperidade do que outros. Isso permitiu a Smith, como um economista político empírico, fazer comparações frutíferas e extrair do registro histórico algumas políticas que poderiam, se aplicadas de forma sistemática, gerar ainda mais prosperidade.

A primeira conclusão a que ele chega é que um conceito específico de "justiça" — incluindo, como vimos no Capítulo 4, as proteções "sagradas" da pessoa, da propriedade e das promessas individuais — é necessário para a sobrevivência de qualquer sociedade humana. Uma sociedade que não as respeita, que não as protege e que não pune infrações contra elas está fadada, cedo ou tarde, ao fracasso. Ou, uma sociedade que faz cumprir apenas seletivamente tais proteções — que talvez respeite os "3Ps" de alguns indivíduos privilegiados ou grupos favorecidos, mas não de outros — é a que pode até sobreviver por algum tempo, porém à custa da prosperidade mais ampla que poderia ter desfrutado. Da mesma forma, uma sociedade que em algum momento protegeu amplamente os "3Ps" de seus cidadãos e experimentou o consequente aumento de prosperidade, mas agora começa a se afastar de tais proteções, logo verá a redução de sua prosperidade; se continuar se afastando da proteção dos "3Ps", eventualmente estagnará, declinará e, se não reverter o curso, entrará em colapso. Agora, Smith escreveu que "há grande ruína em uma nação" (SMITH, 1987, p. 262). Logo, uma grande nação, isto é, que teve grande prosperidade, pode durar "apesar tanto da extravagância do governo, como dos grandes erros de administração" (RN, p. 343). Mesmo nesse caso, todavia, a nação não será tão rica, nem seus cidadãos tão prósperos, como, de outra forma, teriam sido.

Smith escreve no primeiro capítulo de *Riqueza*: "É a grande multiplicação das produções de todas as diferentes artes, em consequência da divisão do trabalho, que gera, em uma sociedade bem governada, a riqueza universal que se estende às camadas mais baixas da população" (RN, p. 22). Como vimos no Capítulo 6, o que Smith quer dizer aqui por "bem governada" está articulado com sua discussão de "justiça" em *Teoria* — que, como acabamos de mencionar, engloba as proteções à pessoa, à propriedade e à promessa (TSM, p. 84). Podemos concluir dessas duas passagens que Smith acredita que o dever primário do governo é a proteção (de sua concepção) de justiça. Além disso, como vimos no Capítulo 4, essa concepção de justiça é "negativa", exigindo apenas que evitemos prejudicar os outros. Um governo que refletisse essa concepção de justiça seria apenas invocado na ocasião de infração contra a pessoa, propriedade e promessa de um indivíduo. Podemos considerar a concepção de justiça de Smith, então, uma concepção "negativa, apenas defensiva" de justiça, ou concepção "NAD", cujo propósito central é nos prover proteção defensiva contra infrações. Por fim, como vimos novamente no Capítulo 4, todos os nossos diversos deveres positivos da beneficência não são, segundo Smith, deveres do governo, mas, em vez disso, deveres nossos como indivíduos (e como grupos voluntários e privados).

Em *A riqueza das nações*, na descrição dos deveres do governo, deveríamos esperar, portanto, que Smith articulasse um governo cujo propósito é proteger a justiça NAD — e pouco ou nada mais. E é isso que realmente acontece. De fato, Smith gasta muito mais tempo em *Riqueza* descrevendo as formas pelas quais o governo comete erros, passa dos limites ou se engaja em atividades contraproducentes, às vezes por corrupção, outras por pura incompetência, às vezes com má intenção e outras, não intencionalmente. Mas Smith não é um anarquista; ele não é nem mesmo um libertário moderno. Em vez disso, ele defende um papel positivo e robusto do governo, embora limite seus poderes e autoridade a uma gama limitada de deveres específicos.

Smith descreve seus deveres recomendados de governo em poucos lugares em *Riqueza*. Aqui está uma passagem-chave:

> Tão logo eliminados todos os sistemas, sejam eles preferenciais ou de restrições, impõe-se automaticamente o sistema óbvio e simples da liberdade natural. Todo homem, enquanto não violar as leis da justiça, tem total liberdade de ir em busca de seu interesse próprio, como bem entender, expondo seu trabalho e seu capital à concorrência aberta com os de qualquer outra pessoa ou categoria de pessoas. O soberano fica totalmente dispensado de um dever que, caso tente cumprir, sempre o exporá a inúmeras decepções, já que para essa obrigação não há sabedoria ou conhecimento humano suficiente: a obrigação de supervisionar a atividade de pessoas particulares, direcionando-as para as ocupações mais condizentes com o interesse da sociedade. Segundo o sistema da liberdade natural, o soberano tem apenas três deveres; três deveres de grande relevância, por certo, mas simples e inteligíveis ao entendimento comum: primeiro, o

dever de proteger a sociedade contra a violência interna e a invasão externa; segundo, o dever de proteger, sempre que possível, cada membro da sociedade contra a injustiça e a opressão de qualquer outro membro dela, isto é, o dever de implantar uma administração judicial exata; e, terceiro, o dever de criar e manter certas obras e instituições públicas, que nunca poderão priorizar o interesse de nenhum indivíduo em particular, ou pequeno número de indivíduos; pois o lucro jamais poderia compensar algum indivíduo ou grupo de indivíduos, embora possa, com frequência, fazer muito mais do que retorná-lo a uma grande sociedade.

(RN, p. 687-8)

Muito é dito nessa passagem; melhor tratar e enfatizar alguns detalhes.

Primeiro, deveríamos notar que o que Smith chama de "sistema óbvio e simples de liberdade natural" é consistente com a concepção NAD de justiça articulada em *Teoria*. Na medida em que "não viola as leis da justiça", todo mundo é "livre para perseguir seus próprios interesses, da forma que preferir". Smith, então, especifica uma implicação dessa liberdade ao citar que todo mundo pode "expor seu trabalho e seu capital à concorrência aberta com os de qualquer outra pessoa ou categoria de pessoas". Isso significa que não deveria haver barreiras à entrada, restrições ao comércio, requerimentos de licenças ocupacionais ou estágios obrigatórios; não deveria haver cartas reais ou monopólios concedidos pelo Estado; preços mínimos ou máximos; salário mínimo (ou máximo) obrigatório; e, muito menos, barreiras artificiais, custos ou restrições que evitem ou impeçam injustamente a entrada em qualquer ocupação ou concorrência em qualquer mercado.

Segundo, Smith aqui recapitula o *argumento do conhecimento local* (discutido no Capítulo 7), que defende que os próprios indivíduos estão em melhor posição para saber como deveriam utilizar seu tempo, talento e recursos escassos a serviço de seus fins, e que legisladores ou outros a distância não estão em posição de tomar tais decisões por eles. Quando Smith escreve aqui que "não há sabedoria ou conhecimento humano suficiente" para "supervisionar a atividade de pessoas particulares, direcionando-as para as ocupações mais condizentes com o interesse da sociedade", ele está nos alertando do que podemos chamar da "falácia da mente superior" (OTTESON, 2010). Alguém comete essa falácia quando recomenda políticas ou instituições que poderiam ter êxito apenas se existisse uma mente superior com todo conhecimento relevante sobre indivíduos e suas circunstâncias — incluindo seus valores, propósitos e oportunidades mutáveis. Infelizmente, ela não existe, e recomendações políticas predicadas em sua existência estão fadadas ao fracasso. Mesmo hoje, muitas pessoas ainda a cometem, talvez em parte por se crerem dotadas com mentes superiores. Aqui, Smith nos alerta para termos cuidado com essas pretensões: a pessoa que se acha capaz de desempenhar esse papel "sempre será exposta a inúmeras decepções".

Terceiro, nessa passagem Smith nos mostra os três papéis principais que acredita que o governo deva representar. Os dois primeiros são: (i) "o dever de proteger a sociedade contra a violência interna e a invasão externa" e (ii) "a proteção, sempre que possível, de cada membro da sociedade contra a injustiça e a opressão de qualquer outro membro dela mesma". O primeiro levaria em conta o exército, mas apenas para funções de defesa; o segundo englobaria a polícia e o sistema judicial, novamente nos protegendo de, e punindo quem nos causasse dano. Ambos os deveres recairiam perfeitamente sob a concepção de "justiça" NAD de Smith.

Mas note o terceiro dever do governo para Smith: "criar e manter certas obras e instituições públicas". Esse pareceria abrir a porta para a intervenção positiva na economia, mas todo o argumento não foi justamente contra esse tipo de intervenção? Aqui vemos uma consequência da decisão de Smith de não confiar numa concepção, digamos, de lei natural ou direitos naturais, o que, talvez, poderia gerar um argumento consistente contra a intervenção governamental. Em vez disso, como um economista político teórico, Smith deseja permanecer aberto à possibilidade de que o governo poderia fazer mais do que meramente proteger a justiça NAD, mas ele estaria defendendo um governo muito mais intervencionista do que seria implicado pelo seu padrão? Responderemos a essa pergunta no próximo capítulo.

O objetivo final da economia política — como Smith a concebia — era descobrir quais instituições públicas e sociais propiciariam uma sociedade próspera em que as pessoas teriam a chance de viver vidas verdadeiramente felizes.

CAPÍTULO 11

INTERVENÇÕES GOVERNAMENTAIS NA ECONOMIA?

VIMOS NO CAPÍTULO ANTERIOR QUE SMITH PROPÕE UMA concepção de justiça negativa e defensiva (NAD) que parece implicar que a função primária — e talvez única — do governo seja nos proteger contra a invasão aos nossos "3Ps", articulada em *Teoria*: pessoa, propriedade e promessas voluntárias (TSM, p. 84). Isso é consistente com os dois primeiros deveres do governo articulados em *Riqueza*, a saber, proteção contra invasão interna e externa. Mas note que Smith propõe um terceiro e último dever do governo: "criar e manter certas obras e instituições públicas, que nunca poderão priorizar o interesse de nenhum indivíduo em particular, ou pequeno número de indivíduos; pois o lucro jamais poderia compensar algum indivíduo ou grupo de indivíduos, embora possa, com frequência, fazer muito mais do que retorná-lo a uma grande sociedade" (RN, p. 687-8). Teria Smith aqui aberto a porta para um governo mais intervencionista do que parece implicar sua concepção de justiça NAD?

Para entender corretamente a posição de Smith, note, em primeiro lugar, que ele impõe qualificações rígidas sobre que tipo de intervenção governamental é permitida: apenas aquelas que "nunca poderão priorizar o interesse de nenhum indivíduo em particular, ou pequeno número de indivíduos; pois o lucro jamais poderia compensar algum indivíduo ou grupo de indivíduos, embora possa, com frequência, fazer muito mais do que retorná-lo a uma grande sociedade". Assim, Smith argumenta que, para justificar tal intervenção, o defensor da ação governamental deveria atender a *ambas* as condições: (1) a obra ou instituição pública não poderia, por sua natureza, ser fornecida por empresa privada; *e* teria de beneficiar substancialmente a "grande sociedade", e não meramente um grupo à custa de outro.

Embora Smith não tenha descartado esse tipo de intervenção, ele transferiu o ônus da prova para quem a propusesse. E o patamar para apresentar um argumento convincente é surpreendentemente elevado: se você acredita que o governo deveria tomar uma ação positiva para realizar uma obra ou instituição pública, teria que demonstrar tanto que a iniciativa privada não poderia fornecê-la (nota: não *apenas que não está* fornecendo-a *no momento*, mas que *não poderia* fornecê-la), e que toda a sociedade dela se beneficiaria. Que programas governamentais atenderiam a esses critérios? Pensando bem, parece que a resposta seria: não muitos. O próprio Smith reflete sobre algumas possibilidades: por exemplo, em infraestrutura como estradas, canais e pontes. Mas ele nota que estradas, canais e pontes fornecidas pela iniciativa privada — e que existiam em sua época, como na nossa — são normalmente de melhor qualidade do que as fornecidas publicamente.

Smith também considera a educação. Havia menos oportunidades para educação formal no século XVIII do que há hoje em muitas partes do mundo, mas ele se preocupava que, se as pessoas não recebessem formação e, em vez disso, passassem a vida trabalhando em uma operação específica criada pela extensa divisão do trabalho — talvez, por exemplo, fazendo nada além de colocar cabeças na ponta de alfinetes — poderiam se tornar, em sua linguagem vívida e quase apocalíptica, "tão estúpidos e ignorantes como é possível uma criatura humana se tornar" (RN, p. 782). Mas o que Smith propõe como remédio para tal moléstia potencial? Escolarização *primária parcialmente* subsidiada. Smith considera que os únicos conhecimentos de que toda pessoa precisaria, não importando a ocupação, campo ou indústria em que estivesse inserida, seriam o de ler, escrever e o que ele chama de "contabilidade" ou aritmética (LEA). A necessidade de qualquer coisa além disso dependeria das necessidades particulares de um determinado indivíduo em seu campo de trabalho — sendo, portanto, diferente para pessoas diferentes. Assim, Smith sugere que o financiamento público para o LEA poderia ser uma intervenção governamental justificada, mas nada além disso. Por isso, apenas escolarização primária.

Ademais, no entanto, ele pensava que o subsídio público deveria representar menos da metade do custo total — o resto sendo pago pelos próprios estudantes (ou suas famílias ou patrocinadores) — para garantir o correto alinhamento de incentivos. Os professores deveriam, como qualquer outra pessoa, dar mais atenção a quem estivesse pagando a maior parte de suas mensalidades. Se esse fosse o governo, eles dariam mais atenção e seriam mais solícitos com o governo do que com os estudantes. Se, por outro lado, os estudantes (ou suas famílias ou patrocinadores) pagassem a maior parte das mensalidades, os professores naturalmente concederiam mais atenção aos estudantes (famílias, patrocinadores) — o que seria o ideal. Por isso: apenas subsídios parciais.

Então, embora Smith esteja aberto a considerar intervenção governamental positiva na economia, bem como tributação para coisas além da oferta de justiça NAD, muitas coisas hoje rotineiramente fornecidas pelo governo seriam desqualificadas por sua abordagem. Financiamento para aposentadoria (Previdência Social, por exemplo), benefícios assistencialistas, treinamento, auxílio doença, bibliotecas ou universidades públicas, parques nacionais, saúde e muitos outros programas governamentais seriam eliminados — já que poderiam ser fornecidos de forma privada e beneficiar um grupo à custa de outro, ou por ambos os motivos.

***

As conclusões de *Riqueza* são, portanto, amplamente em favor da limitação da interferência política nos mercados. Cada indivíduo conhece sua própria situação — incluindo seus objetivos e desejos, bem como as oportunidades disponíveis a ele — melhor do que qualquer outra pessoa e, sem dúvida, melhor do que qualquer legislador a distância. Por isso, Smith argumenta que os próprios indivíduos deveriam ter a liberdade e a responsabilidade de decidir como produzir e vender seu trabalho e seus bens, com quem negociar e em que termos, e assim por diante. Ele é mordaz em sua condenação a legisladores intrometidos que superestimam sua habilidade de direcionar a vida dos outros, que desejam dominar os outros ao impor seu próprio julgamento distante, pela força da lei, sobre o julgamento de indivíduos com real conhecimento local, usando, então, os fracassos previsíveis de suas decisões como desculpa para ainda mais intervenções imprudentes.

Ainda assim, Smith condena também mercadores e empresários gananciosos que buscam proteções legais a suas indústrias e preços. "Pessoas da mesma profissão raramente se reúnem", escreve Smith, "mesmo que seja para festas ou comemorações, mas é certo que sua conversa sempre termine em conspirações contra o público ou em algum conluio para aumentar os preços" (RN, p. 145). Esses mercadores frequentemente defendem que barreiras comerciais, tarifas e outras proteções legais são para o bem da nação, mas Smith expõe esses pedidos como favores especiais, dado que, na prática, servem para aumentar os lucros de comerciantes particulares à custa não apenas de seus concorrentes, mas também do público em geral. Manter os preços altos e limitar a concorrência certamente beneficiará negócios específicos, porém impondo custos artificiais sobre todos. Smith argumenta que o melhor remédio contra a busca de proteções ou favores especiais legalmente concedidos é, todavia, não pedir a regulação governamental das indústrias. Em vez disso, é vetar na origem privilégios legalmente impostos. Mercados e livre concorrência são os melhores provedores de benefício social em comparação à regulação de curto prazo por legisladores politicamente motivados — que são, afinal, frequentemente bem-remunerados pelos próprios mercadores e empresas de quem dizem proteger o público.

Afirmei anteriormente que Smith não era um anarquista, nem mesmo um libertário atual, mas o governo *smithiano* é relativamente pequeno pelos padrões contemporâneos. Seu principal dever é proteger a justiça, proteger todo indivíduo de invasões contra sua pessoa, propriedade e promessas. O governo *smithiano* faz pouco mais que isso. Então, como deveríamos classificar sua economia política? Ele é conservador? Sua defesa do livre mercado e livre comércio parece se alinhar com alguns aspectos do conservadorismo americano contemporâneo. Ele é um progressista? Sua preocupação primária com os pobres na sociedade e com a concessão de igual dignidade e respeito para todos construírem vidas de significado e propósito, bem como sua visão cosmopolita da natureza humana, parece se alinhar com alguns aspectos do progressismo americano contemporâneo. Então, Smith não se encaixa facilmente em nenhuma dessas categorias. A descrição de seu sistema de economia política foi "o óbvio e simples sistema de liberdade natural", sistema esse que concederia a todos igual liberdade e responsabilidade, vetando qualquer grupo de suas pretensões de controlar a vida dos outros, que são seus companheiros morais e deveriam ser respeitados como tais, e que, portanto, não apenas encorajaria relações apropriadas entre semelhantes morais, mas permitiria a paz e uma prosperidade indefinidamente crescente. Talvez seja melhor pararmos por aqui.

ANÁLISE FINAL

CHEGAMOS AGORA À CONCLUSÃO DOS PRINCIPAIS ELE-mentos do pensamento de Adam Smith. Cobrimos tudo, desde quem ele foi, passando pela natureza e propósito de sua economia política e de sua teoria moral, chegando ao papel da simpatia mútua dos sentimentos no desenvolvimento de nosso padrão moral. Analisamos a conexão entre *A teoria dos sentimentos morais* e *A riqueza das nações*, sua explanação do que é a riqueza e quais são suas causas, sua concepção de justiça, a distinção entre justiça e beneficência e, por fim, o papel que ele acredita que o governo deveria ter em nossas vidas. O que resta? Temos ainda de oferecer uma análise final sobre a obra e a importância de Smith.

Ao avaliar a obra de Smith, temos que considerar as críticas e as objeções levantadas contra ela. Embora tenhamos tratado de algumas nos capítulos anteriores, existem outras diversas preocupações e objeções a seus argumentos que, infelizmente, não temos espaço para tratar aqui. Algumas delas se referem a alegações específicas feitas por ele, contestadas por acadêmicos contemporâneos.

Por exemplo, Smith parece confiar no trabalho como um critério último de valor (veja RN, livro I, Capítulo 5, por exemplo). Mas a "teoria do valor-trabalho" foi rejeitada por economistas modernos como sendo impraticável e, em última instância, confusa: hoje, a maioria deles acredita em uma "teoria subjetiva de valor", que defende que uma coisa tem o valor que um agente valorador atribui a ela, e não qualquer medida objetiva de valor baseada em quanto trabalho foi investido nela.* Da mesma forma, muitos hoje afirmam que a concepção de justiça de Smith é muito estreita. Como vimos no Capítulo 4, Peter Singer, por exemplo, acredita que a "justiça" deveria propriamente incluir algumas obrigações positivas de ajuda aos outros — como no evento de uma criança estar se afogando, ou pessoas passando fome em países em desenvolvimento (SINGER, 2009). Ainda assim, outros alegam que o papel do governo deveria ser mais abrangente do que o permitido por Smith. Muitos afirmam que é, de fato, uma função adequada do governo oferecer coisas como previdência social, benefícios assistencialistas, saúde ou educação mais ampla, por exemplo.

Outras preocupações tratam de coisas como monopólios ou capitalismo de compadrio que alguns afirmam ser endêmicas em economias de mercado inspiradas nas recomendações de Smith. Ele parece pensar que essas questões se tornam preocupantes apenas quando o governo intervém inadequadamente no mercado — quando, por exemplo, ele concede monopólios legais ou subsídios a firmas ou a indústrias favorecidas — e que, se o governo se abstiver dessas intervenções, como Smith recomenda em consonância com sua concepção de "justiça", haveria menos motivos para preocupação.

---

* Note, todavia, que as recomendações de políticas de Smith não dependem de uma teoria do valor-trabalho.

Outros ainda se preocupam com o escopo da desigualdade material que pode surgir em países com economias de mercado, com a parte "destrutiva" da "destruição criativa" do mercado (na famosa expressão do economista Joseph Schumpeter), com os ciclos de expansão e depressão das economias de mercado, com a habilidade do marketing de manipular as escolhas das pessoas, e com muitas outras que são numerosas demais para listar. Encorajamos o leitor interessado em perseguir tais pontos a consultar a seção "leituras sugeridas". A questão final que merece nossa consideração é o lugar de Smith na história da economia, da economia política e da filosofia moral. De modo geral, a enorme influência de Smith tem sido benéfica ou não?

A IMPORTÂNCIA DURADOURA DE SMITH

Em meu julgamento, Smith foi um pioneiro intelectual. Ele desenvolveu uma nova forma de entender as instituições sociais humanas de larga escala, o que chamei de "modelo de mercado", que explica a criação, manutenção, mudança e, às vezes, morte de sistemas de sentimentos morais, de sistemas de economia política e até mesmo de idiomas humanos; de sistemas de leis e até da própria ciência.* Isso por si só já tornaria Smith merecedor de estudo.

---

* Veja o ensaio de Smith sobre as origens da linguagem (SMITH, 1985), suas palestras sobre jurisprudência (SMITH, 1982b), e seus ensaios sobre a história da astronomia e da física (SMITH, 1982a).

Mas ele conseguiu, de fato, realizar algo que poucos pensadores proeminentes do passado conseguiram: ele acertou muito. A ciência moderna encontrou evidências para confirmar, por exemplo, a alegação de Smith sobre nosso desejo natural pela simpatia mútua de sentimentos. A vasta maioria de suas análises históricas tem sobrevivido ao teste do tempo. Existe endosso moderno para o "modelo de mercado" de Smith como uma descrição da linguagem humana, e existe um grande corpo de pesquisa confirmando, aplicando e estendendo esse modelo como uma teoria de "ordem espontânea" a tudo, do direito à economia, passando pelo desenvolvimento de cidades e ecossistemas. Assim, o "modelo de mercado" de Smith constitui algo como uma *grande teoria unificadora* da ciência social, que desfruta ampla justificação moderna.* Isso significa que Smith estava no caminho de algo importante.

E, por fim, sua previsão corajosa — eu a chamei de "audaciosa" — sobre a quase ilimitada prosperidade que poderia ser gerada por países que adotassem ou mantivessem o sistema "óbvio e simples de liberdade natural": ele acertou? Até agora, a evidência — retirada de resultados de diversos países ao longo de décadas, e mesmo séculos — é forte a ponto de ser convincente, o que sugere que Smith acertou aí também. Os níveis de riqueza atual no mundo, em especial, dos países que mais adotaram a economia política de Smith, não têm precedentes históricos, e continuam a crescer cada vez mais. Nos últimos cinquenta anos, por exemplo, fomos de 75% do mundo vivendo em extrema pobreza para apenas 9%. Aumentamos a produtividade humana em 3.000%. Desde 1970, a proporção da população humana

---

* Veja Ridley (2011), Zak (2012) e McCloskey (2016).

vivendo com US$1 a US$3 *per capita* por dia caiu de 27% da população global a, pela primeira vez na história, menos de 5%. E a taxa de declínio está aumentando, o que significa que logo veremos, também pela primeira vez na história humana, a eliminação total da pobreza absoluta no mundo. E aqueles países que mais se aproximaram da economia política de Smith se saíram melhor: eles superaram, em muito, países com outras instituições político-econômicas.*

Agora, isso não significa que não existem problemas no mundo, nem desafios a serem encarados. Tampouco significa implicar que o dinheiro é a única coisa que importa. Mas nossa riqueza crescente oferece mais recursos para tratar, e mesmo superar, os problemas restantes da humanidade — da pobreza à educação, saúde e proteção ambiental — que poderiam ter sido imaginados em qualquer época anterior da história. Adam Smith teve um papel relevante na articulação das instituições que permitiram esse crescimento espetacular. E o dever moral que ele sentiu e infundia no trabalho de sua vida — entender a natureza humana e as condições humanas de modo que pudessem ser feitas recomendações que permitissem a ainda mais pessoas, em particular aos menos capazes dentre nós, alcançar vidas de paz, prosperidade e propósito — oferece um modelo que deveria inspirar todo pesquisador, hoje e sempre.

Creio que isso faz de Smith uma das grandes mentes e uma das grandes almas que a humanidade já produziu. E esse fato justifica seu lugar no panteão de iluminados que toda pessoa instruída deveria conhecer.

---

* Veja o *Economic Freedom of the World Report* do Fraser Institute, que mostra uma alta correlação entre instituições *smithianas* — o que ele chama de "liberdade econômica" — e a prosperidade econômica na classificação dos países (GWARTNEY et al., 2017).

OBRAS CITADAS

BROADIE, Alexander. *The Cambridge Companion to the Scottish Enlightenment*. Cambridge University Press, 2003.

_____. *The Scottish Enlightenment*. Birlinn, 2007.

BUCHAN, James. *Crowded with Genius: The Scottish Enlightenment: Edinburgh's Moment of the Mind*. Harper, 2003.

DARWIN, Charles. *The Descent of Man, and Selection in Relation to Sex*. Princeton University Press, (1981) [1871].

FERGUSON, Adam. *An Essay on the History of Civil Society*. Edited by Fania Oz-Salzberger. Cambridge University Press, (1996) [1767].

GOULD, Stephen Jay. *The Panda's Thumb: More Reflections in Natural History*. Norton, 1980.

GWARTNEY, James, Robert A. Lawson, Joshua C. Hall, et al. *Economic Freedom of the World: Annual Report*. Fraser Institute, 2017.

HUME, David. *A Treatise of Human Nature*. David Fate Norton and Mary J. Norton (Orgs.). Oxford University Press, (2000) [1740].

MALTHUS, Thomas R. *The Works of Thomas Robert Malthus*. E. A. Wrigley and David Souden (Orgs.). Routledge, 1986.

MARX, Karl. *Comments on James Mill, Éléments D'économie Politique, 1844*. Disponível em: <https://www.marxists.org/archive/marx/works/1844/james-mill/>.

MARX, Karl e ENGELS, Friedrich. *The Communist Manifesto*. In Lawrence H. Simon (Org.), *Karl Marx, Selected Writings*. Hackett, (1994) [1848].

MCCLOSKEY, Deirdre N. *Bourgeois Equality: How Ideas, Not Capital or Institutions, Enriched the World*. University of Chicago Press, 2016.

MONTES, Leonidas. *Adam Smith in Context: A Critical Reassessment of Some Critical Components of His Thought*. Palgrave Macmillan, 2004.

MULLER, Jerry Z. *Adam Smith in His Time and Ours: Designing the Decent Society*. Princeton University Press, 1993.

OSLINGTON, Paul (Org.). *Adam Smith as Theologian*. Routledge, 2011.

OTTESON, James R. "Adam Smith's First Market: The Development of Language". *History of Philosophy Quarterly*, 17, 1, pp. 51-74, 2002.

_____. *Adam Smith's Marketplace of Life*. Cambridge University Press, 2002.

_____. "Adam Smith and the Great Mind Fallacy". *Social Philosophy and Policy* 27,1, pp. 276-304, 2010.

_____. *Adam Smith*. Bloomsbury, 2013.

RIDLEY, Matt. *The Rational Optimist: How Prosperity Evolves*. Harper Perennial, 2011.

_____. *The Evolution of Everything: How Ideas Emerge*. Harper Perennial, 2015.

ROSS, Ian Simpson. *The Life of Adam Smith*. 2. ed. Oxford University Press, 2010.

ROTHSCHILD, Emma. *Economic Sentiments: Adam Smith, Condorcet, and the Enlightenment*. Harvard University Press, 2001.

SINGER, Peter. *The Life You Can Save: Acting Now to End World Poverty*. Random House, 2009.

SKOUSEN, Mark. *The Making of Modern Economics: The Lives and Ideas of the Great Thinkers*. 2. ed. Routledge, 2001.

SMITH, Adam. *An Inquiry into the Nature and Causes of the Wealth of Nations*. R. H. Campbell and A. S. Skinner (Orgs.). Liberty Fund, (1981) [1776].

_____. *The Theory of Moral Sentiments*. D. D. Raphael and A. L. Macfie (Orgs.). Liberty Fund, (1982) [1759].

_____. *Essays on Philosophical Subjects*. W. P. D. Wightman (Org.). Liberty Fund, 1982a.

_____. *Lectures on Jurisprudence*. R. L. Meek, D. D. Raphael, and P. G. Stein (Orgs.). Liberty Fund, 1982b.

_____. *Lectures on Rhetoric and Belles Lettres*. J. C. Bryce (Org.). Liberty Fund, 1985.

_____. *Correspondence of Adam Smith*. E. C. Mossner; I. S. Ross (Orgs.). Liberty Fund, 1987.

THALER, Richard H. e SUNSTEIN, Cass R. *Nudge: Improving Decisions about Health, Wealth, and Happiness*. Penguin, 2009.

ZAK, Paul J. *The Moral Molecule: The Source of Love and Prosperity*. Dutton, 2012.

SUGESTÕES DE LEITURA

A literatura sobre Adam Smith é vasta e se estende por muitas disciplinas, incluindo filosofia, economia, história, ciência política e outros campos e, como se poderia esperar, varia muito em seu foco e qualidade.

As edições do Liberty Fund podem ser baixadas em <https://www.libertyfund.org/books?author_reversed=Smith%2C+Adam>.

O *Adam Smith Review* é um volume anual de ensaios acadêmicos publicados pela International Adam Smith Society. Eles podem ser encontrados em <http://www.adamsmithsociety.net/adam-smith-review.html>.

OUTRAS OBRAS PARA APRENDER SOBRE SMITH:

BUTLER, Eamonn. *Adam Smith—A Primer*. Institute for Economic Affairs, 2007.
OTTESON, James R. *Adam Smith*. Bloomsbury, 2013.
ROBERTS, Russ. *How Adam Smith Can Change Your Life: An Unexpected Guide to Human Nature and Happiness*. Penguin, 2014.

OBRAS DE NÍVEL AVANÇADO:

EVENSKY, Jerry. *Adam Smith's Moral Philosophy: A Historical and Contemporary Perspective on Markets, Law, Ethics, and Culture*. Cambridge University Press, 2005.
HANLEY, Ryan Patrick. *Adam Smith and the Character of Virtue*. Cambridge University Press, 2009.
FLEISCHACKER, Samuel. *On Adam Smith's "Wealth of Nations": A Philosophical Companion*. Princeton University Press, 2013.
MONTES, Leonidas. *Adam Smith in Context: A Critical Reassessment of Some Central Components of His Thought*. Palgrave Macmillan, 2004.
OTTESON, James R. *Adam Smith's Marketplace of Life*. Cambridge University Press, 2002.
PHILLIPSON, Nicholas. *Adam Smith: An Enlightened Life*. Yale University Press, 2010.

ALGUMAS OBRAS CRÍTICAS DE SMITH OU DAS RECOMENDAÇÕES DA ECONOMIA POLÍTICA *SMITHIANA*:

CONLY, Sarah. *Against Autonomy: Justifying Coercive Paternalism*. Cambridge University Press, 2013.

SANDEL, Michael J. *What Money Can't Buy: The Moral Limits of Markets*. Farrar, Straus and Giroux, 2012.
SATZ, Debra. *Why Some Things Should Not Be for Sale: The Moral Limits of Markets*. Oxford University Press, 2010.
SCHOR, Juliet B. *Born to Buy*. Scribner, 2004.
SKIDELSKY, Robert e SKIDELSK, Edward. *How Much Is Enough? Money and the Good Life*. Other Press, 2012.
UBEL, Peter A. *Free Market Madness: Why Human Nature Is at Odds with Economics— And Why It Matters*. Harvard Business Review Press, 2009.

POR FIM, EXCELENTES CONJUNTOS DE ARTIGOS ACADÊMICOS QUE TRATAM DE VÁRIOS ASPECTOS DOS ESCRITOS DE SMITH:

HAAKONSSEN, Knud. *Cambridge Companion to Adam Smith*. Cambridge University Press, 2006.
HANLEY, Ryan Patrick, *Adam Smith: His Life, Thought, and Legacy*. Princeton University Press, 2016.
MONTES, Leonidas e SCHLIESSER, Eric. *New Voices on Adam Smith*. Routledge, 2006.

AGRADECIMENTOS DO AUTOR

Na redação deste livro, beneficiei-me do apoio, aconselhamento e sugestões de muitas pessoas. Minha primeira dívida de gratidão é com Jason Clemens do Fraser Institute, sem o qual este livro não teria sido escrito. Também agradeço a Donald J. Boudreaux, autor (entre outras coisas) do *Menos estado, mais liberdade*, que serviu de modelo para este livro — e estabeleceu um nível de exigência elevado para esta publicação. Também agradeço aos participantes no curso de pós-graduação na Universidade do Arizona em junho de 2017, que proveram um ambiente encorajador e extremamente justo para uma primeira análise de muitas das ideias presentes neste livro. Então, agradeço a Mariano Chavez, Susan Elliott, Tahia Farooque, Esteban Gonzalez, Mandi Herring, Carrie Houston, Maxwell Irving, Sheila Martinez, Jim McDowell, Kerry Montano, Brian Moreno, Clint Nelson, Robin Palmer, Stacia Reeves, Shawn Tierney e Alberto Vidana. Um obrigado especial para David Schmidtz e Cathleen Johnson, que organizaram o curso e me convenceram a lecionar nele. Também agradeço a Wake Forest University, que me concedeu tempo e espaço para escrever. Também gostaria de agradecer ao Liberty Fund de Indianápolis, Indiana, e ao Tikvah Fund de Nova York por me darem a oportunidade de palestrar sobre Adam Smith para colegas docentes e estudantes excepcionalmente talentosos.

Também gostaria de agradecer a Jason Clemens e outros por numerosas sugestões editoriais. Eu silenciosamente incorporei quase todas as suas recomendações. Quaisquer erros remanescentes são meus.

Por fim, minha maior dívida de agradecimento é para com minha família — meus amados Katharine, Victoria, James, Joseph e George, sem os quais eu não teria conseguido. Nisso, como em todas as coisas, eles são indispensáveis.

**ASSINE NOSSA NEWSLETTER E RECEBA
INFORMAÇÕES DE TODOS OS LANÇAMENTOS**

www.faroeditorial.com.br

Há um grande número de portadores do vírus HIV e de hepatite que não se trata. Gratuito e sigiloso, fazer o teste de HIV e hepatite é mais rápido do que ler um livro.

FAÇA O TESTE. NÃO FIQUE NA DÚVIDA!

CAMPANHA

ESTA OBRA FOI IMPRESSA EM
FEVEREIRO DE 2023